U0152924

慢速工作力

快時代的慢技術
3大原則擺脫倦怠、鍛造更高成就

卡爾·紐波特 著
黃佳瑜 譯

獻給我的家人，感謝他們每天都使我想起放慢腳步的樂趣。

目次

前言……010

第一部 ≫ 原理

第一章　偽生產力的興起與衰落……025
第二章　一個較慢的替代方案……049

第二部 ≫ 原則

第三章　少做一些事情……071

第四章　以自然的步調工作……159
第五章　執著於品質……233
結語……299
致謝……309
附注……329
作者與譯者簡介……330

前言

一九六六年夏天，在紐澤西州普林斯頓附近，於《紐約客》雜誌擔任特約撰稿人即將屆滿兩年的約翰．麥克菲（John McPhee），仰躺在自家後院一棵白蠟樹下的野餐桌上。他在二〇一七年的著作《第四版草稿》（*Draft No. 4*）中回憶道：「我在那裡躺了將近兩星期，仰面凝望枝椏與樹葉，與驚懼和恐慌搏鬥。」[1]麥克菲已經在《紐約客》發表過五篇長篇文章，在那之前，他還曾在《時代》雜誌做了七年副主編。[2]換句話說，他並非雜誌寫作的新手，但那年夏天讓他癱在野餐桌上一動也不動的文章，是他迄今嘗試過最複雜的一篇。

麥克菲之前寫過人物特寫，例如他為《紐約客》撰寫的第一部重要作品《身在何處》（*A Sense of Where You Are*），就講述了普林斯頓大學籃球隊明星球員比爾．布拉德利（Bill Bradley）的故事。[3]他也寫過歷史報導：一九六六年春天，他發表了以橘子為主題的上下兩篇文章，將這種不起眼水果的歷史一路追溯到公元前五百年在中國的首度記載。[4]然而，麥克菲目前的寫作計畫是要處理紐澤西州南部松林泥炭地這個廣到不能再廣的主題，寫作的企圖心要大得多。相對於撰寫焦點集中的人物特寫，他必須將許多角色的故事編織進來，大量重現各種對話以及特定地點的探訪。相對於總結單一物件的歷史，他必須深入研究一整塊地區的地質、生態，甚至是政治背景故事。

麥克菲在野餐桌上陷入停滯狀態之前，已經花了八個月時間研究這個主題，蒐集了他後來所謂「足以塞滿一整個筒倉的材料」。[5]他從普林斯頓住家南下松林泥炭地的次數多到記不清，常常帶著睡袋方便他延長逗留時間。他讀過所有相關書籍，訪談過所有相關人士。現在必須開始動筆了，他卻感到無所適從，不知從哪裡著手。「一開始缺乏自信，在我看來是很合理的，」他解釋說，「你以前是否曾有什麼了不起的成績並不重要。你的上一篇文章不會自動替你寫好下一篇文章。」[6]於是，麥克菲躺在他的野餐桌上，仰望那棵白蠟樹的枝椏，苦苦思索讓這一大堆材料和故事融合在一起的方法。他在那張桌子上待了兩星期，終於找到解決困境的辦法：佛烈德·布朗（Fred Brown）。

麥克菲在田野調查初期就遇到了布朗；[7]他是一名七十九歲的老人，住在松林泥炭地深處的「邊遠落後」地區，他們後來一起在松林裡遊蕩了好幾天。讓麥克菲打通思路、猛然跳下野餐桌的是，布朗似乎跟他意圖在文章中涵蓋的大多數主題都有某種連結。他可以在文章一開頭介紹布朗，然後從他與布朗的冒險經歷這條主線出發，迂迴展開他想探討的主題。

即便在這靈光乍現的一刻過後，麥克菲仍然花了一年多的時間，才在普林斯頓拿騷街附近一間簡樸的出租辦公室寫完這篇文章。這間辦公室坐落在眼鏡行的樓上，對街是一家瑞典按摩店。最後的成品長達三萬多字，分成兩部分，連續刊登在前後兩期雜誌上。這是長篇報導中的曠世之作，也是麥克菲煌煌著作表上最受人喜愛的作品之一。然而，如果不是麥克菲願意將其他所有事情放在一邊，就那樣無所事事地仰躺著凝望天空、絞盡腦汁思索如何創造出美妙的作品，這篇文章就不可能存在。

我是在新冠疫情初期，偶然讀到了約翰·麥克菲這種慢悠悠的做事方式。說得委婉一點，那段時間對知識工作者而言是一個複雜時期。對於那些為了生計而在辦公室和電腦前辛勤工作的人來說，隨著那個令人焦慮的春天逐漸展開，出於**生產力**的要求而長期積壓在心裡的不安，開始在疫情相關的干擾壓力下沸騰起來。作為一名經常在談論技術和分心的文章中寫到生產力問題的人，我直接感受到了這種日益加劇的反彈。「生產力語言對我而言是一種障礙，」我的一位讀者在電子郵件中向我解釋說，「好好思考和好好做事的樂趣，是深埋在人類骨子裡的樂事……（對我來說，）當牽扯上生產力，樂趣似乎就被稀釋了。」有人在我的部落格補充評論道：「用生產力術語編寫出的指令，不僅要求人們完成工作，還要不惜一切代價完成工作。」疫情在推動這類情緒上扮演的特定角色，在這些回饋意見中往往顯而易見。正如一位富有洞察力的讀者所闡述的，「真要說的話，『生產力＝產出了多少小玩意兒』這個概念，在疫情期間變得更加清晰，因為那些有幸仍然保有工作的家長，被期待在照顧和教育子女的同時，維持和以前差不多的工作量。」這種精力令我驚訝。我愛我的讀者，但「火力全開」通常不是我會用來形容他們的詞，直到如今。有些事情顯然正在發生變化。

正如我很快便發現的，這種日益高漲的反生產力情緒並不侷限於我的讀者。從二〇二〇年春天到二〇二一年夏天，短短不到一年半的時間裡，至少出現了四本重要著作，直接將矛頭對準了流行的生產力觀念，其中包括瑟列斯特．赫莉（Celeste Headlee）的《失控的努力文化》（*Do Nothing*）、安妮．海倫．彼得森（Anne Helen Petersen）的《集體倦怠》（*Can't Even*）、戴文．普萊斯（Devon Price）的《其實沒有懶惰這回事》（*Laziness Does Not Exist*），以及奧利佛．柏克曼（Oliver Burkeman）筆觸諷刺而風趣的《人生4千個禮拜》（*Four Thousand Weeks*）。對工作的倦怠感也反映在疫情期間的多項社會趨勢中，這些趨勢受到大量報導，一波高過一波。首先是所謂的「大辭職潮」（Great Resignation），雖然此一現象包含了許多不同經濟領域的勞動力撤退，但是在眾多小故事中，知識工作者降低對事業生涯的要求是一個明顯的趨勢。「在職躺平」（quiet quitting）繼大辭職潮之後興起，年輕一代的工作者開始積極抵制雇主對生產力的要求。

瑟列斯特·赫莉在《失控的努力文化》引言中寫道：「我們工作過度、壓力過度，始終感到不滿足，並且不斷追求越來越高的標準。」[8]早些年間，這樣的感觸可能顯得有些離經叛道。然而，到了疫情最高峰時，她的這個觀點早已蔚為主流。

見證了這種迅速增長的不滿情緒，我清楚地察覺有一件重要的事情正在發生。知識工作者疲憊不堪——被越來越殘酷無情的忙碌折磨得筋疲力盡。與其說疫情引發了這項趨勢，倒不如說疫情將最惡劣的過度忙碌推到了令人無法忍受的地步。許多知識工作者突然被逼到遠端工作，在他們忍受又一場視訊會議時，他們的孩子在隔壁房間驚聲尖叫。他們開始揣想：「我們到底在幹什麼？」

我開始在我長期經營的電子報以及疫情初期推出的新播客（podcast）節目上，大幅報導知識工作者的不滿情緒以及對工作意義的另類建構。隨著反生產力運動持續升溫，我也開始在我為《紐約客》撰寫的報導中（我是該雜誌的撰稿人之一），更頻繁地觸及這個話題。這些報導最終促成我在二〇二一年秋季開了一個名為「辦公室空間」（Office Space）的專欄，每月兩次，專門討論這個話題。

我挖掘出的故事情節很複雜。人們不堪重負，但導致日益疲憊的根源卻混沌不明。網上對這些問題的討論提供了各式各樣、有時甚至互相矛盾的理論：雇主無情地壓榨員工，試圖從他們的勞動中榨取更多價值。不對，根源其實是一種內化的崇尚忙碌的文化；正是這種由網紅生產力專家推動的文化，導致了我們的疲憊。或者，我們真正看到的也許是「末期資本主義」不可避免的崩潰。人們交相指責，發洩不滿；在此同時，知識工作者卻繼續陷入越來越深的不快樂之中。形勢似乎一片黑暗，但當我繼續針對這項主題進行研究，我看到了由本書一開始探討的那個故事所帶來的一絲樂觀曙光。

第一次讀到約翰．麥克菲的故事時，我帶著懷舊的心情看待他在自家後院仰望樹葉的漫漫長日——那畫面來自一個早已逝去的年代，當時，靠腦袋謀生的工作者確實得到所需的時間和空間去創造令人驚豔的作品。「如果能有一份不必擔心**生產力**的工作，豈不美哉？」我思忖著。但我最終想通了一個顯著的道理，麥克菲其實很有生產力。如果你將鏡頭拉遠，不要聚焦他在一九六六年那段特定夏日時光鬧躺在野餐桌上的行為，而是思考他的整個事業生涯，你會發現這位作家迄今出版了二十九本書，其中一本贏得了普立茲獎，還有兩本入圍美國國家圖書獎。此外，他為《紐約客》撰寫獨具特色的文章已逾半個世紀，並且透過他在普林斯頓大學長期教授的創造性非虛構寫作課程，指導了許多年輕作家，這些作家後來都有屬於自己的精彩生涯，其中包括理查・普雷斯頓（Richard Preston）、艾瑞克・西洛瑟（Eric Schlosser）、珍妮佛・韋納（Jennifer Weiner）和大衛・雷尼克（David Remnick）。沒有什麼合理的生產力定義不能用在約翰・麥克菲身上，但他的工作習慣一點也不瘋狂、忙碌或令他難以負荷。

這個最初的頓悟發展成了本書所要探討的核心概念：也許知識工作者的問題不在於廣義上的生產力，而在於近幾十年來針對這個詞彙占主導地位的一個錯誤定義。之所以出現令我們疲憊不堪的嚴重超載，是因為人們相信唯有越來越忙，才能有「出色」的工作表現——更快地回覆電子郵件和簡訊、更多會議、更多任務、更長的工時。但是，當我們仔細研究此一前提，卻找不到穩固的基礎。我開始相信，提高生產力的另類方法也可以輕易被證明是合理的，包括不將塞得太滿的任務清單和不間斷的活動看得太重，轉而推崇約翰・麥克菲這種悠閒而用心的做法。事實上，很明顯的是，麥克菲這類傳統知識工作者的習慣和儀式不僅具有啟發性，要是將二十一世紀工作的現實情況充分納入考量，還能為我們提供豐富的思想泉源，幫助我們改變當代對事業成就的理解。

這些啟示激發了關於如何對待工作的新思考，最終凝聚成一個完整的替代方案，取代導致我們如今疲憊不堪的前提假設：

慢速生產力（Slow Productivity）

以可持久且有意義的方式安排知識工作的一套哲學，奠基於以下三項原則：

一、少做一些事情。

二、以自然的步調工作。

三、執著於品質。

正如你將在後面的篇章了解到的，這套哲學反對忙碌，認為工作超載是取得重要成果的阻礙，而不是驕傲的勳章。它還認定專業工作應該以更多樣化且人性化的節奏展開，在許多不同時間尺度上以放鬆休息抵銷辛苦時期，而且，應該將焦點放在令人印象深刻的品質，而不是作秀性質的活動上，這應是一切的基礎。在本書的第二部分，我將詳細介紹這套哲學的核心原則，從理論上闡述這些原則為什麼正確，並提供具體建議說明如何在特定職業生活中落實這些原則，無論你是經營自己的公司，還是在上司的嚴密監督下工作。

我的目標並非單純教你如何讓工作變得不那麼累，也不僅是為了代替你向那些對你的焦慮困境無動於衷的剝削者揮舞拳頭（雖然我們肯定也會稍微這麼做）。相反地，我想為你、你的小企業或你的大型雇主提出一種全新的方法，用來思考「完成工作」究竟是什麼涵義。我想將知識產業從越來越難以維持的狂熱狀態中解救出來，重建成為更能持久、更人性化的行業，讓你能夠創造出令你引以為傲的東西，而不必在過程中把自己折磨得不成人形。當然，並不是每一份辦公室工作都有辦法立刻採用這種更有意識的節奏，但正如我將詳細介紹的那樣，其適用範圍也許比你一開始猜測的更加廣泛。換句話說，我想向你證明，在不過勞的情況下完成工作不僅是可行的，而且應該成為新的標準。

然而，先別操之過急，我們首先必須了解知識產業與生產力之間是如何陷入如今這種失調關係，因為一旦真正了解其形成的偶發性，我們會更容易摒棄現狀。那麼，就讓我們展開旅程，朝著這個目標邁進吧。

第一部

原理

FOUNDATIONS

Chapter

1

偽生產力的興起與衰落

一九九五年夏天，哥倫比亞廣播公司（CBS）新上任的影視部主管萊斯利・孟維斯（Leslie Moonves）在該電視網廣闊的電視城總部大樓裡閒逛。他不滿意眼前所見的景象：時間是星期五下午三點半，辦公室四分之三的地方空無一人。媒體記者比爾・卡特（Bill Carter）在二〇〇六年出版了《走投無路的電視網》（*Desperate Networks*）一書，描寫此一時期的電視產業。正如他在書中所說，沮喪的孟維斯就空蕩蕩的辦公室向員工發出一封措辭激烈的短信。「除非還有人沒注意到，我們現在（在收視率上）排名第三，」他寫道，「我猜ABC和NBC的人星期五下午三點半都還在上班。這種情況不會再被容忍了。」[1]

乍看之下，這則小故事是個老套的個案研究，說明二十世紀知識產業對生產力的各種看法：「工作」是員工在辦公室裡所做的一件模糊的事。做得多比做得少更有成果。管理者的職責就是確保員工完成足夠多的工作，因為如果沒有這樣的壓力，懶惰的員工就會想辦法以最低限度的工作蒙混過關。最成功的公司擁有最努力的員工。

但我們是如何建立這些信念的？這些說法我們已聽得夠多，足以說服自己相信它們很有可能是真的，但仔細觀察就會看到一個更複雜的故事。不必多加探究就會發現，在知識工作環境中，當談到「完成工作」這個基本目標，我們知道的其實比我們表現出來的少得多……

「生產力」究竟意味著什麼？

近年來，我們的文化對「生產力」日益反感，隨著此現象的全面性越來越明顯，我決定就這個主題對我的讀者進行一次問卷調查。我的目標是對推動這項轉變的力量產生更細微的了解。最終，有將近七百人參與了我的這項非正式調查，他們幾乎是清一色的知識工作者。我提出的第一個實質性問題原意很簡單，算是某種熱身：「在你的專業領域中，大多數人會如何定義『生產力』或『富有成效』？」然而，對於這個開場問題，我收到的答覆卻讓我大吃一驚。問題不在於他們說了什麼，而在於他們沒說什麼。壓倒性的常見回答風格，就是直接列出受訪者在工作中所做的事情類型。

一位名叫麥克的高階主管回答：「為我們的會員組織製作內容並提供服務。」一位名叫傑森的牧師說：「有能力一邊布道，一邊透過親自拜訪來關心會眾。」一位名叫瑪麗安娜的研究員指出：「參加會議、做實驗……寫出通過同儕審查的文章。」一位名叫喬治的工程總監，則將生產力定義為「言出必行，說到做到」。

在這些答覆中，沒有一個包含了要達到的具體目標，或者能區分表現優劣的績效標準。當提及數量，一般往往認為越多越好。（一名疲憊不堪的博士後研究員蘇菲解釋說，生產力就是「無時無刻不在工作」。）隨著我繼續閱讀更多問卷，一個令人不安的發現逐漸浮現：儘管我們對這個詞抱怨連連，但知識工作者甚至還沒對「生產力」的涵義達成一致的定義。

這種模糊性不限於個人的自我反思，也反映在學術界對這個主題的處理態度上。一九九九年，管理學理論家彼得．杜拉克（Peter Drucker）發表了一篇影響深遠的論文，標題為〈知識工作者的生產力：最大的挑戰〉（*Knowledge-Worker Productivity: The Biggest Challenge*）。杜拉克在文章的開頭承認，「對於知識工作者生產力的研究，目前尚僅止於起步階段。」[2]為了矯正此一現象，他接著列出影響知識產業生產力的六個「主要因素」，其中包括工作內容的明確度，以及持續學習和創新的決心。與我收到的問卷答案一樣，這一切都只是避重就輕的討論，沒有切中要點——只是找出一般而言**或許**可以支持高生產力的因素，卻不提供可以衡量的具體屬性，也不指出需要改進的流程。幾年前，我曾為了撰寫一篇文章而採訪貝伯森學院（Babson College）的傑出管理學教授湯瑪斯．戴文波特（Tom Davenport）。我之所以對戴文波特感興趣，是因為他是我所能找到少數幾位認真嘗試研究知識產業生產力的學者之一。他從生涯早年開始研究，最終累積成二〇〇五年出版的《思考型工作者》（*Thinking for a Living: How to Get Better Performance and Results from Knowledge Workers*）一書。戴文波特最後因為難以在此一課題上取得重大進展而感到挫敗，轉而投入其他更有回報的領域。「大多數情況下，人們不衡量知識工作者的生產力，」他解釋說，「當我們這麼做，我們會採用非常愚蠢的方法，例如衡量學者發表了多少篇論文，卻不問論文的品質。我們還處於非常初期的階段。」[3]戴文波特寫過與編過二十五本書，他告訴我，《思考型工作者》是其中賣得最差的一本。

知識產業這樣一個龐大的經濟領域竟然缺乏有用的生產力標準定義，其中的不尋常之處，再怎麼強調都不過分。在其他大多數經濟領域中，生產力不僅是一個定義明確的概念，而且往往支配著工作的開展方式。事實上，為現代化助燃的驚人經濟成長，有很大一部分要歸功於對此一基本概念的更系統化處理。這個詞的早期使用可以追溯到農業，其涵義直截了當。對農民來說，一塊地的生產力可以用該土地生產出多少糧食來衡量。這種產出與投入比率提供了某種指南針，讓農民能夠探索種植作物的可行方法：效果更好的系統，每畝地的產量將大幅提高。使用明確的生產力指標來改進定義明確的流程，這聽起來似乎不言而喻，但這種方法的引進讓效率得以出現爆炸性飛躍。例如，十七世紀時，正是這種指標導向的實驗，促成諾福克四圃式輪作制（Norfolk four-course system）的出現，消除了農地休耕的必要性。這使得許多農民的生產力瞬間暴增，從而激起英國的農業革命。[4]

正如工業革命從十八世紀的英國開始向外蔓延，早期資本家也將類似的生產力概念，從農田運用到了他們的作坊和工廠。和栽種農作物一樣，關鍵的理念是衡量一定投入下的產出量，然後嘗試不同的流程來提高此一數值。農民關心的是每畝地的糧食產量，工廠老闆關心的則是每小時的給薪勞力所製造的汽車數量。農民也許是藉由使用更聰明的輪作制度來提高他們的指標，工廠老闆則可能透過將生產轉移到連續的流水線來提高他們的指標。在這些例子中，雖然生產的是不同類型的產品，但驅使生產方式發生改變的力量卻殊無二致：生產力。

當然，如此強調可衡量的改進，也會帶來眾所周知的人類成本。流水線的工作重複又單調，而逼迫每個人提高每個動作的效率，更會創造容易導致受傷和疲憊的工作條件。但是，生產力能夠為這些經濟領域帶來驚人的經濟成長，使得這類憂慮大多被拋在一邊。流水線工作對工人而言是沉悶乏味的，但是，當亨利・福特（Henry Ford）在一九一三年將密西根州高地公園（Highland Park）的工廠改為流水線生產後，生產一輛T型車所需的工時從十二・五小時降到一・五小時左右——這是令人咋舌的進步。[5] 歷經十年的發展後，美國的半數汽車都從福特汽車公司出廠。[6] 這樣的回報太過強大，令人難以抗拒。現代西方世界的經濟成長故事，從許多方面而言都是生產力思維的豐功偉績。

然而，當知識產業在二十世紀中葉崛起，成為經濟的中堅力量後，經濟對清晰、量化、正式的生產力概念，幾乎已不再存有這樣的有益依賴。事實證明，摒棄這樣的依賴是有道理的：在農業和製造業行之有效的舊生產力概念，似乎並不適用於新型態的腦力工作。其中一個問題是工作內容的多樣性。二十世紀初，臭名昭彰的效率顧問腓德烈・溫斯羅・泰勒（Frederick Winslow Taylor）受聘前來提高伯利恆鋼鐵公司（Bethlehem Steel）的生產力，他假設煉鋼廠每個工人都僅負責一項單一而明確的任務，例如鏟鐵渣。這使他能夠精確衡量工人在單位時間內的產出，然後尋找方法提高這項指標。在這個案例中，泰勒最終為煉鋼廠工人設計出一種更好的鐵鍬，審慎抵銷掉試圖在每一鏟搬運更多鐵砂的欲望，同時避免徒勞的用力過度。（如果你想知道的話，他最後判定每一鏟的最佳取量是二十一磅。）7

相較之下，在知識工作中，個人往往要應付錯綜複雜且不斷變化的工作內容。你可能需要一邊撰寫客户報告，一邊為公司網站蒐集顧客感言、安排辦公室聯歡會，同時還要應人力資源部剛剛透過電子郵件發給你的要求，更新公司的利益衝突聲明。在這種情境下，沒有明確的單一產出可以追蹤。而且，就算你真的費勁完成應接不暇的活動，並認清其中最重要的工作——想想戴文波特那個計算教授發表幾篇學術論文的例子——也沒有簡單方法可用來控制無關緊要的職責對每個人的產出能力所造成的影響。我去年發表的學術論文可能比你多，但這或許有一部分是因為你主持了一個費時但重要的委員會。在這種情況下，我真的是生產力更高的員工嗎？

以改進系統而非提升個人為宗旨的亨利．福特式做法，也很難在知識工作環境中立足。製造流程受到精確定義。福特在建立流水線的每個階段中，都能詳細說明他的工廠製造T型車的所有步驟。相較之下，在知識產業，關於工作如何安排與執行，有很大一部分留給個人自己作主。企業也許會將員工使用的軟體標準化，但要如何分配、管理、組織、合作以及最終執行任務，通常交由每個人自行決定。「不能對知識工作者進行嚴密或細部的監督，」彼得．杜拉克在其一九六七年出版的極具影響力之著作《杜拉克談高效能的5個習慣》（*The Effective Executive*）中指出，「只能給他幫助。但他必須指引自己。」[8]

知識工作型組織認真看待這項建議。精心設計的工廠制度被辦公室的「個人生產力」所取代，其中，每個人套用他們自己拼湊出來、往往說不明白的一組工具和技術來完成各自的任務，沒有人真正知道其他人如何管理他們的工作。在這樣隨意的情境下，沒有制度供你輕易地改進，也沒有任何知識可以媲美將流水線生產力提高十倍的措施。杜拉克本人最終漸漸認清，在如此高的自主性下追求生產力有多麼困難。「我想，他確實認為情況很難改進……我們請鬼拿藥單，讓他們高興怎麼做就怎麼做，」戴文波特回想他在一九九〇年代與杜拉克的對話時這麼告訴我。

這些現實為新興的知識產業製造了真正的問題。由於沒有具體的生產力指標可以衡量，也沒有明確定義的流程可以改進，企業不知道如何管理他們的員工。而隨著這個產業出現越來越多的自由工作者和小型業者，這些只對自己負責的個人也不知道如何管理自己。在這樣的不確定性之下，一個簡單的替代方法誕生了：**用可見活動作**

為實際生產力的粗略替代指標。如果你能在辦公室看到我——或者，如果我在遠端辦公，你能看到我經常回覆電子郵件和簡訊——那麼你會知道我最起碼沒閒著。你看到的活動越多，越能假設我正在為組織的獲利效勞。同樣地，作為一名自由工作者或小型業者，我越忙碌，越能確信自己正在全力以赴地追逐目標。

隨著二十世紀逐漸開展，這種「可見活動推斷法」開始成為我們思考知識工作生產力的主要方法。這就是我們之所以聚集在辦公樓裡，沿用當初為了節制工廠勞工生理性疲勞而規定的每週工時四十小時的原因，也是我們為什麼會因為忽略收件匣而感到內疚，或當看到上司就在附近時，從內心生出一種覺得必須自告奮勇或「裝忙」的壓力。由於欠缺更精微的方法來衡量效能，我們也會從更深層的行動轉向更表面、更具體、更容易從待辦事項清單上勾銷的任務。長時間的工作如果無法立即產生明顯成果，就會成為焦慮的來源——在一長串電子郵件中加入討論或參加電話會議，要比埋頭制定大膽的新策略更加安全。在回覆我的讀者問卷調查時，一位簡單自稱為N的社工人員描述了「不休息、衝來衝去、一整天馬不停蹄」的必要性，而一位名叫道格的專案經理則解釋說，所謂做好工作已被歸納為「不斷產出大量成果」，無論它們是否真的重要。

從具體的生產力到這種較鬆散的替代指標推斷法，其中的轉變對我們接下來的討論非常重要，我們應該給它一個正式的名稱和定義：

> **偽生產力**（Pseduo-Productivity）
>
> 主要以可見活動來估算實際生產成效的一種做法。

當我請讀者為「生產力」下定義時，正是上述這套理念的模糊性，對他們帶來了很大的困擾。它不是一項可以簡單解釋的規範化制度，更像是一種心情——一種透過狂熱動作來支撐有意義活動的總體氛圍。它的缺陷也更微妙。對早期知識工作者而言，與用來安排工業勞動力的具體制度相比，偽生產力具有明顯的優勢。許多人寧願在有空調的辦公室裡假裝忙碌，也不願整日待在炙熱的工廠廠房沖壓金屬板。正如我們接下來即將看到的，以偽生產力為中心的工作方式，直到最近幾十年才真正偏離了正軌。然而，一旦脫軌，損害極其龐大。

我們為什麼如此疲憊？

本章一開頭關於CBS的那則小故事是偽生產力的典型範例，萊斯利・孟維斯需要更好的績效，於是採取了一項顯而易見的措施：要求員工延長工時。不過，我選擇這個故事的另一個原因在於其時代背景。一九九〇年代中期，在孟維斯發出他那封洩氣的短信之際，以偽生產力作為安排知識工作的手段，其有效性似乎突然開始無聲無息地迅速衰退。

導致情況惡化的原因，是辦公室在這十年間出現了聯網電腦。在一個以活動作為生產力替代指標的環境中，電子郵件（與後來的Slack）等工具的問世，使人們得以用最少的力氣傳送顯示自己很忙的可見訊號。這便不可避免地導致普通知識工作者每天花越來越多時間發送不間斷的電子訊息，盡可能快速且發了瘋似地談論工作。（軟體公司「拯救時間」〔RescueTime〕根據超過一萬名知識工作者的登錄數據，做了一項特別犀利的分析，結果顯示其研究對象平均每六分鐘查看一次收件匣。）[9] 隨後，筆記型電腦和智慧型手機等可攜式電腦和通訊設備的登場，使這項趨勢更加惡化，因為我們如今不僅需要在上班時間證明自己努力工作，這樣的要求甚至還在晚上跟著我們回家，週末跟著我們去孩子的足球場。電腦和網路帶來了許多新的可能性，但當它們和偽生產力結合在一起，最後卻讓我們日益覺得負荷過重，靜不下心來，將我們推向一條衝突的道路，引發了今天讓我們備受折磨的過勞危機。

我們有必要強調現今這場災禍的幅度，例如，麥肯錫（McKinsey）和「向前一步」組織（Lean In）最近做了一項研究，調查六萬五千多名主要從事知識工作的北美洲員工，發現形容自己「經常」或「幾乎總是」感到筋疲力竭的人數顯著上升。[10] 蓋洛普（Gallup）隨後進行的一項民意調查顯示，美國上班族是當今世界上壓力最大的人群之一。蓋洛普首席職場科學家吉姆．哈特（Jim Harter）指出，這些壓力指標隨著員工努力程度指標的上升而上升。「工作與生活的交集之處有待改進，」他說。[11]

然而，我們不需要數據來跟我們說許多人已經在他們的生活中面臨的狀況。例如，在我的讀者調查中，問卷上的答案就充斥著描述新辦公技術導致工作過勞的切身故事。一位名叫史蒂夫的策略規劃師為這種經驗提供了很棒的總結：

科技帶來的好處，似乎使我們有能力在日常生活和工作排程上堆積更多事情，這些事情雖然超出我們能夠處理的範圍，卻能保持一定的品質，使它們仍然值得去做……我想，這就是工作倦怠感真正造成傷害的地方——你真心在意某件事，卻由於需要做其他很多事情，而失去了做這件事或做好這件事的能力，也失去了對它傾注熱情、全副注意力和創意的能力。

一位名叫莎拉的教授發現，活動太多的現象也同樣在學術界悄悄蔓延，她將之描述為一場大轟炸，表示「大量來來回回的電子郵件、Slack、臨時的Zoom會議等等，讓我（我覺得也讓所有人）無法真正有時間去做高品質的深度工作、思考和寫作。」一位名叫麥拉的遠程私人助理提供了一個獨特的視角，總結出她對她服務的多名知識工作者的觀察。「我的客戶非常忙碌，但往往被他們想做或必須做的所有事情壓得喘不過氣，以致很難看清什麼是他們的當務之急，」她告訴我，「因此，他們只是努力做很多事情，但願靠這種方法取得一些進展。」

這些故事可能埋藏一股絕望感。決定工業領域發展方向的具體生產力指標，永遠無法適用於型態更多變的知識工作環境。（我們也不該**希望**它們適用，因為以量化的方式看待勞動力，本身就昭示著赤裸裸的不人道。）然而，在欠缺明確指標的情況下，偽生產力似乎是唯一可行的預設選項。當這種選項與操作簡易的通訊工具和可攜式電腦結合在一起，結果就是不斷擴大的活動循環，正如麥拉描述得如此貼切的，這種循環徑直將我們推向了大量工作——將生活的各個角落塞滿工作，希望無休止的行動能以某種方式累積成一些有意義的東西。然而，在我們徹底屈服於這個殘酷的現實之前，值得重新評估偽生產力的必然性。如果我們最後一次回頭看看那則關於CBS的故事，並且跳出萊斯利．孟維斯硬漢管理作風的簡單弧線，一些蛛絲馬跡就會開始浮現，透露出對知識工作成效的一種更細微的思考方式。

真有可能存在更好的方法嗎？

CBS的故事出現一個振奮人心的結局：陷入困境的電視網最後確實扭轉了命運，收視率從最後一名躍居第一，並在隨後許多年裡穩居龍頭地位。但究竟是什麼造成了如此的大逆轉？仔細研究就會發現，這恐怕跟萊斯利・孟維斯要求員工延長工時的命令沒有太大關係。一個更有說服力的解釋，可以從拉斯維加斯賭場單軌列車駕駛員安東尼・祖克（Anthony Zuiker）的曲折經歷中找到。一九九六年，二十六歲的祖克在幻影飯店（Mirage）和金銀島飯店（Treasure Island）之間來回載運遊客，時薪八美元。他感到意志消沉。作為一名年輕人，他擁有引人注目的寫作天賦，在親朋好友間享有盛名。現在，他卻不知如何兌現這些才能。「在〈祖克〉最黑暗的時刻，」比爾・卡特在《走投無路的電視網》中寫道，「他發現自己詢問上帝，假如他永遠得不到一展長才的機會，為什麼要賜予他這些不尋常的才華？」[12]

祖克命運的轉變，始於他為一位演員朋友寫的一段原創獨白，供後者在試鏡時使用。一位好萊塢經紀人聽了這段獨白後找到祖克，問他願不願意嘗試寫劇本。祖克買了悉德．菲爾德（Syd Field）關於劇本寫作的書，精心創作了一個名為「賭命人」（*The Runner*）的待售劇本，描寫一個嗜賭成性的人後來轉而替黑幫老大下注的故事。這個劇本的售出價格並不高，但足以讓導演傑瑞．布洛克海默（Jerry Bruckheimer）麾下製片公司的一個新部門注意到祖克，該公司希望更積極地進軍電視界。他們邀請祖克前來陳述自己的想法。祖克受到他很喜歡的探索頻道實境秀節目《新推理探案》（*The New Detectives: Case Studies in Forensic Science*）所啟發，提出一個以警察辦案程序為前提的節目，類似於《法網遊龍》（*Law & Order*），在節目中使用高科技工具來破案。

布洛克海默的公司很感興趣，於是要求他提供試播片的劇本。為了替試播片尋找素材，祖克開始花時間參與拉斯維加斯警察局的工作。在一次令人難忘的經歷中，刑事偵查小組要求他爬梳臥室地毯以尋找線索。當祖克拿著梳子彎下腰，他看到躲在床下的嫌犯那雙因吸毒而迷茫的眼睛。她使勁用指甲劃過祖克，然後被現場的員警制服。「哦，這肯定有戲，」祖克調侃道。[13]最終，他準備好向電視網提出自己的創意。「祖克為ABC戲劇部的一群高階主管精心設計了一場充滿魔力的演示，竭力推銷他的想法，」卡特寫道，「他在房間裡四竄，在家具上跳來跳去，將他筆下的人物描繪得栩栩如生。」[14]儘管他活力四射，ABC電視網還是駁回了他的提案。

此時，祖克已全心全意投入他的理想，他對這次失敗的應對方式，是成立自己的製作公司「Dare to Pass」，唯一的目標就是將他的犯罪偵查節目搬上螢光幕。在吸引了一位名叫妮娜·塔斯勒（Nina Tassler）的CBS高階主管的興趣後，祖克又辛辛苦苦地三度改寫試播片劇本，努力使其更靠近可上映的程度。塔斯勒將修改後的劇本拿給孟維斯，但後者並不怎麼欣賞，於是擱置了這項計畫。祖克和塔斯勒繼續努力。他們攀上了一位名叫比利·彼得森（Billy Peterson）的知名電視導演，後者寫信給孟維斯，熱情激昂地為祖克的節目說話。孟維斯讀了這封信，終於被說服了：CBS將為試播片出資。

即便如此，這項計畫仍然舉步維艱。試播片逾時完成，而當CBS高層在午餐時間觀看試映時，這部片子顯然還是行不通。孟維斯尤其覺得很難跟上故事的情節發展，他說：「你們必須挖得更深一點，重新來過。」[15] 團隊連忙重新剪輯了這一集。時間緊迫：節目若要趕在秋季開播，就必須準備好在短短幾個月後舉行的前期活動上向廣告商展示。直到最後一刻，在CBS宣布秋季節目表的最後期限前，這個節目的命運才終於在節目排程會議上被決定。最終，孟維斯必須就星期五晚上的時段——最後一個空檔——在祖克的節目和東尼·丹札（Tony Danza）的喜劇《Homewood P.I.》之間做出抉擇。他順從直覺，選擇了祖克。事實證明，這個決定意義重大。祖克的節目最終命名為《CSI犯罪現場》，在幾個月後的二〇〇〇年秋季首次播出時，立刻引起轟動。再加上CBS該季的另一個爆紅節目《倖存者》（*Survivor*），收視率的飆升足以讓CBS躍上龍頭寶座。16

CBS逆轉頹勢的詳細過程，提供了不同生產力概念之間的有用對比。孟維斯試圖靠強迫員工多做事來挽救他的電視網，然而，到頭來影響成敗的，卻是一位創意怪才的執著；他花了三年時間孕育自己的理想，屢敗屢戰，企圖創造出特別的作品。*比起孟維斯要求員工所做的，安東尼·祖克的努力在類型和強度上都更加多樣化。祖克沒有每天都出現在辦公室，也沒有盡職地在沒完沒了的會議上刷存在感。在《CSI犯罪現場》的開發過程中，有很長一段時間，祖克的可見活動少之又少，平

* 當然，有必要指出，祖克的創意最終得以實現，也有賴CBS高層主管妮娜·塔斯勒的大膽支持。塔斯勒的此一巨大貢獻，與工作到很晚或表現得很忙沒有太大關係。相反地，更多是源於她運用了經由長期經驗所形成的創意直覺。正是這類行動——而不是浮誇地展現職業道德——最終成就了突破性成功。

衡了活動比較密集的其他時段。但是，當你將鏡頭拉到好幾年的時間尺度，他的生產力無庸置疑——好比說，如果他最終在二〇〇〇年拯救了整個電視網，誰會在乎他在一九九九年休息了一整個月？

就像約翰．麥克菲在野餐桌上等待文章架構的靈感一樣，祖克的努力指向了一種生產力的定義：不需要瘋狂忙碌，就能讓工作既有意義又有價值。它的魔力在更長的時間尺度上顯現出來，散發自一種——與高科技偽生產力的無情要求相比，（由於沒有更好的詞來形容）似乎可以稱之為——「緩慢」的步調。

Chapter

2

一個較慢的替代方案

一九八六年，麥當勞宣布了一項計畫，要在羅馬的西班牙廣場開設一家可容納超過四百五十名顧客的大型新餐廳，就在西班牙階梯底端附近。許多義大利人不高興了。市議員試圖阻止餐廳開業，而在那一帶開設工作室的時裝設計師范倫鐵諾（Valentino），則強烈表示漢堡的氣味會玷汙他的高級時裝。電影導演路西安諾·德·克雷森佐（Luciano De Crescenzo）大聲譴責：「最讓我們不安的是生活的美國化。」[1]市長成立了一支特別的垃圾小隊，負責追捕他認為很快就會充斥街頭的漢堡包裝紙。

正是在這樣的騷亂之中，一位名叫卡羅·佩屈尼（Carlo Petrini）的資深社運人士兼記者，發起了一場新的運動，他稱之為「慢食」（Slow Food）。一段相應的宣言定義了其目標：[2]

針對那些將工作效率與狂亂行動混爲一談的人——或者毋寧說針對絕大多

數人——我們提議打一劑由足夠的美食感官愉悅所構成的疫苗，慢慢且持續地品味。

適切地說，我們會從廚房開始實行慢食。讓我們重新發掘在地飲食的豐富性與風味，逃離「速食」的單調貧乏。

義大利各地開始出現慢食的各個地方分會。該組織提倡慢餐（slow meals）和共膳，大夥兒一起慢慢享用以當地時令食材製成的佳餚。一段時間後，他們開始推動相關目標，好比在各地小學開設地方美食課程，並努力保護傳統食材，例如原產於義大利南部坎帕尼亞（Campania）地區的香甜維蘇威杏桃。[3]一九九六年，該運動在都靈（Turin）舉辦第一屆品味沙龍（Salone del Gusto），旨在支持當地的飲食傳統和手藝人。該活動每兩年舉辦一次，吸引了超過二十萬名遊客，他們可以在一千五百多個攤位上試吃各種美食。[4]如今，慢食分會已遍布全球一百六十個國家。

表面上看來，「慢食」似乎是一種小眾運動——一場帶有懷舊氣息的美食家聚會，痴迷於探索義大利杏桃的可能吃法。直到最近以前，如果我有機會思考這件事的話，我也會這麼想。然而，當我開始設法解決圍繞著知識工作和偽生產力的議題，卡羅．佩屈尼鼓吹的細嚼慢嚥以一種令人吃驚的重大方式進入了我的思維。

慢速革命

我第一次走進「慢食」的世界，是因為被「慢」這個字所吸引，它似乎捕捉到了與偽生產力恰恰相反的一切。我知道這場運動的故事基礎——麥當勞、羅馬、漫長的晚餐——並認為在談論替代方案以取代加快的工作節奏時，慢食運動也許可以提供一個有用的類比。然而，隨著我讀到更多關於佩屈尼的文章，我發現「慢食」的重點不僅在於飲食，還體現了兩個深刻而創新的理念，可以應用在許多不同嘗試上，進而建立一場改革運動來應對現代社會的無所節制。

第一個理念是，有吸引力的替代方案才有力量。正如麥可．波倫（Michael Pollan）在二〇〇三年發表的一篇關於慢食的精闢文章中所總結的，到了一九八〇年代，卡羅．佩屈尼已經「被他左翼同志的陰鬱與執拗弄得非常氣餒。」儘管嚴厲指陳制度的弊端能給個人帶來滿足感，但佩屈尼逐漸相信，變革要能長久，就必須為人們提供一種愉悅的、令人積極向上的替代選項。佩屈尼並沒有簡單寫一篇措辭尖銳的社論文章來揭露麥當勞的腐化力量，相反地，他提倡與食物建立一種有吸引力的新關係，這種關係會讓速食的庸俗不證自明。佩屈尼解釋說：「比起開心過日子的人，那些為他人承受苦難的人對人類的傷害更大。」[5]

與慢食運動纏繞在一起的第二項理念，則主張從歷經時間考驗的文化創新中汲取力量。社會運動往往忍不住提出激進的**新**概念，因為嶄新的解決方案還保留著烏托邦的可能性。然而，佩屈尼意識到，要提出有吸引力的替代選項來取代速食，明智的做法是借鑑經過好幾代人反覆試驗發展出來的**傳統**飲食文化。慢食運動不僅贊同延長用餐時間，還提倡幾世紀以來在義大利鄉村司空見慣的共膳傳統。慢食運動不僅主張使用更新鮮的食材，還推薦你的高曾祖母可能會做的菜餚。他認為，在文化演變的磨礪下所留存下來的傳統，更可能蔚為風潮。

波倫在他二〇〇三年的文章中承認，他最初對這場運動的懷舊色彩抱持懷疑態度，並在文章的開頭寫道：「我認為，慢食主義者是古玩鑑賞家，他們對食物系統的爭議所能做出的貢獻，無異於一群高談闊論的古董車迷對休旅車的爭議所能做出的貢獻。」然而，隨著他更深入了解佩屈尼創新的社會運動，他的態度發生了變化。慢食運動並不是在回顧從前以逃避現實，相反地，它是在尋找有助於重塑未來的想法。波倫隨後收回最初的懷疑態度，承認慢食運動「在解決環保主義和全球主義的爭議上做出了重大貢獻。」[6]

單獨來看，佩屈尼發展改革運動所秉持的兩大理念——專注於尋找替代方案來取代錯誤，以及從歷經時間考驗的傳統中汲取解決方法——就任何根本意義而言，顯然並不侷限於飲食。它們可以適用於盲目的現代風潮與人類經驗發生衝突的任何情境，各種「慢速」運動的興起證實了這個說法。在慢食運動一開始的成功之後，許多新的慢速運動應運而生，鎖定我們的文化中因輕率的急迫而造成的其他問題。

正如記者卡爾．歐諾黑（Carl Honoré）在他二〇〇四年出版的《慢活》（*In Praise of Slowness*）一書中所記載的，第二波運動包括了「慢城」（Slow Cities），該運動也始於義大利（在義大利被稱為「Cittaslow」），重點在於使城市更以行人為優先、支持在地商業，且總體而言更重視敦親睦鄰。另外還有「慢療」（Slow Medicine）和「慢速教育」（Slow Schooling），前者提倡對人進行全人式照護，而不是頭痛醫頭、腳痛醫腳；後者則試圖將小學生從重大考試和排名競爭的壓力中解放出來。近來，「慢媒體」（Slow Media）興起，提倡以更能持久、更高品質的替代方案取代數位點擊誘餌；此外，「緩慢電影」（Slow Cinema）一詞也被越來越多人用於描述寫實的、主要為非敘事性的電影，這些電影針對觀眾的持久關注予以回報，更深入洞察人類的處境。[7]「慢速運動一開始被視為是一小群喜歡吃好喝好的人所提出的想法，」佩屈尼家鄉布拉市（Bra）的市長解釋說，「但如今，它已成為一場更廣泛的文化討論，探討以更人性化、不那麼狂熱的方式做事的益處。」[8]

慢食、慢城、慢療、慢速教育、慢媒體、緩慢電影，這些運動全都建立在激進但有效的策略之上，借鑑歷經時間考驗的智慧，為人們提供一種更緩慢、更能持續的方式來替代現代社會的忙碌。隨著我為了報導知識工作而對這些理念產生更深的理解，我的腦中浮現一個自然而然的後續想法：談及對抗當今工作超載的不人道現象時，比起理直氣壯的蔑視或大膽的新政策，我們真正需要的，也許是以一種更緩慢的概念，來理解生產力的根本意義。

尋找更好的替代方案

後疫情時期緊接著出現的一項有趣發展，是有機會對知識工作的運作方式進行重大檢驗。二〇二〇年春天，撤退到虛擬會議和家庭辦公室的顛覆性改變，打破了這個產業「一切如常」的驕矜自滿。隨著這場突發性公衛事件造成的干擾逐漸消散，許多從前長期以辦公室隔間為家的人，不禁開始思考還有可能做出哪些重大改變。

我們可以從員工與老闆就重返辦公室的計畫所發生的爭執，看到這種新的態度。二〇二二年春天，當蘋果公司執行長提姆．庫克（Tim Cook）宣布要求員工每週至少幾天到該公司位於庫柏蒂諾（Cupertino）的總部辦公室上班時，員工的抗議來得迅速而激烈。一個名為AppleTogether的員工組織在寫給庫克的公開信中要求道：「別再把我們當成需要被吩咐什麼時候去哪裡、該做什麼作業的小學生了。」[9]隨後幾個月，在這樣的阻力之下，庫克一再推遲重返辦公室的計畫。在庫克最初宣布這項計畫的整整一年後，也就是我書寫這一章之際，這場鬥爭仍持續進行。庫克如今公開威脅懲罰仍然拒絕返回辦公室的員工。[10]「那些沮喪的蘋果員工並非只是在為他們的通勤問題提出爭辯，」我在《紐約客》報導這場鬥爭的文章中寫道，「他們是一場運動的先鋒，利用疫情造成的破壞，來質疑用以定義現代職場的眾多武斷性假設。」[11]

對於重大改革的全新關注，也反映在人們對每週工作四天日益高漲的興趣上。二〇二三年二月，英國發布了一項大規模試點研究的結果，該研究追蹤了六十多家嘗試縮短工作時數的公司。據英國廣播公司（BBC）報導，研究出現了「壓倒性的正向結果」，在參與研究的公司當中，超過九成聲稱他們會繼續採用這種實驗性制度，至少暫時如此。[12]在美國，加州眾議員馬克．高野（Mark Takano）提議立法，正式將《公平勞動標準法》（Fair Labor Standards Act）規定的法定工時，從每週四十小時減少為三十二小時。雖然這項法案並未獲得認同，但勞氏（Lowe's）和Kickstarter等公司已開始自行試驗這種更短的工作排程。[13]

對於職場實驗的這種突發興趣，是值得鼓勵且有必要的，因為儘管知識產業現今的許多工作方式已經固化成了傳統和慣例，但其中有些方式的形成是武斷的，有些則是從不同的、更古老的工作類別中借來的。然而，目前掀起波瀾的建議本身卻讓人感到有些不足。維持遠距工作或縮短工時的做法，有助於緩解偽生產力帶來的一些最壞的副作用，但是，對於解決根本問題本身沒有太大幫助。這些做法相當於為了因應速食文化的發展，要求麥當勞設法讓餐點變得更有營養一點——這也許有助於緩解速食對健康造成的部分影響，但無法撼動使人們不得不匆忙進食的根本文化。

正如卡羅・佩屈尼教我們的，面對知識工作的過勞危機，一個更能持久的應對辦法是提供具有吸引力的替代方案。這並不是簡單壓制偽生產力所能做到的，而是要對生產力的涵義提出一個全新的觀點。當然，難就難在釐清這類替代方案的細節。這正是佩屈尼的第二個重要理念發揮作用的地方：從歷經時間考驗的智慧中汲取靈感。如果我們隨意地將知識工作定義為坐在辦公大樓裡打電腦，那麼我們可能很難找到與這種極其現代的活動相應的傳統智慧。為了在佩屈尼的慢速架構下取得進展，我們不妨轉而考慮以下這種更為開闊的陳述：

知識工作（Knowledge Work）（總體定義）

運用腦力將知識轉化為具有市場價值之產品的經濟活動。

這項定義仍然捕捉到了一般上班族，比如電腦程式設計師、行銷企劃人員、會計、高階主管等等。但現在，它也涵蓋了歷史比「辦公室隔間時代」（Age of

Cubicles）更久遠的其他許多腦力行業。例如，根據這項定義，作家是知識工作者；哲學家、科學家、音樂家、劇作家和藝術家也都是。當然，這些傳統腦力職業往往比普通的辦公室工作更加卓爾不群。比方說，在規劃自己的工作生活上，專業音樂家或得到金主贊助的文藝復興時期科學家，比人力資源專員擁有更多彈性和選項。因此，我們很容易對這些案例嗤之以鼻，認為他們享受著特權。（我現在彷彿就能看到這樣的推文：「有羅倫佐．麥地奇〔Lorenzo de'Medici〕為你付帳單，感覺一定很爽！」）考慮到我們的更廣泛目標，這種反應雖然令人痛快，卻沒什麼益處。正是這些珍貴的自由，讓傳統知識工作者成了我們有趣的研究對象，因為這些自由為他們提供了必要的空間和時間，來實驗和思索哪種方法最有效，可以讓他們永續地運用大腦創造出有價值的東西。**當然**，我們大多數人無法直接複製約翰．麥克菲的工作日細節。然而，我們要找的並不是一張可以完全照本宣科的藍圖，而是我們可以從這個不尋常領域輸出的一般性概念，在二十一世紀典型知識工作更實際的限制條件下運用。我也許沒辦法在自家後院的野餐桌上躺上整整兩星期，但這個故事潛藏著一個重大的洞見，那就是放慢腳步來為艱鉅任務做準備的價值。如果我們能夠克服因為傳統知識工作者享有我們沒有的特權而產生的挫折感，或許就可以從他們的經歷中找到生產力概念的基礎，使我們的困難工作變得更容易處理。

一旦開始在傳統知識工作者中尋找麥克菲式的慢速工作習慣，你很容易找到各式各樣的例子。例如牛頓在劍橋大學北面的鄉間研究微積分的細節；又如一位名叫安娜．魯賓卡姆（Anna Rubincam）的雕塑家在網路上發布了一段剪接得很美的影片，記錄她如何在倫敦南部一間實用主義的工作室裡進行創作，打開工作室的門後，外面是綠樹成蔭的幽靜庭院。[14]（一位讀者把這段短片傳給我，並將訊息的標題定為「深度工作的縮影」。我深表同意。）一件特別好玩但離題的事情，是去發掘著名小說家躲起來寫作的古怪空間。正如我稍後會詳細介紹的，《大白鯊》（*Jaws*）的作者彼得．本奇利（Peter Benchley）在一家火爐修理店的裡屋創作了他的經典驚悚小說；而瑪雅・安吉羅（Maya Angelou）則偏好在普通飯店客房的床上，用手肘撐著在便箋簿上塗塗寫寫。[15]

到了二〇二二年年初，我終於準備好彙整我的所有想法，思考如何運用卡羅・佩屈尼的慢速運動架構，來解決偽生產力所引發的問題。我就是在那段時間發表的一篇文章中，替我的這個新理念起了一個名字——鑒於我的靈感來源，這個名字來得自然而然，我一直沿用至今：**慢速生產力**。

一套全新哲學

本書的第二部分致力闡述慢速生產力的理念：知識工作者可以用來安排和執行任務的一種替代性架構，避開偽生產力所帶來的匆忙和不斷膨脹的工作量。我的目標是提供一種更人性化、更能長久的方法，將工作與美好生活整合起來。換句話說，採納慢速生產力，就是要重新定位你的工作，使它成為意義——而不是淹沒感——的來源，在此同時仍能保有產出有價值產物的能力。

為了更深入理解其中的涵義，讓我們再次看看前言中首次提出的正式定義：

慢速生產力

以可持久且有意義的方式安排知識工作的一套哲學，奠基於以下三項原則：

一、少做一些事情。

二、以自然的步調工作。

三、執著於品質。

這套哲學的核心是三條主要原則，因此，本書的第二部分將分為三個長篇章節，分別闡述各項理念。在各章開頭，我首先解釋相應的建議，說明這項理念為什麼對實現更永續發展的職業生活至關重要。這些理由之後是一系列**主張**，詳細說明在典型知識工作的混亂現實中落實原則的具體做法。你可以在這裡找到具體的建議和策略，並視你的特定工作環境所需加以調整。每章還穿插一段**插曲**，對提出的觀點進行自省式的評論和批判。我之所以加入這些段落是為了強調一個現實，那就是這些觀點既新穎又複雜，並不是每個人都有同樣的接受度。我希望你能在這些主張中注入你自己的獨特經歷，藉此培養出你自己的一套獨特見解和結論。

為了忠實呈現卡羅·佩屈尼的願景，第二部分提到了許多不同領域與時期的傳統知識工作者，從他們的生活中汲取豐富的故事與案例。例如，你將讀到關於珍·奧斯汀、富蘭克林及伽利略的故事，也將認識喬琪亞·歐姬芙（Georgia O'Keeffe）、林—曼努爾·米蘭達（Lin-Manuel Miranda）和瑪麗·奧利弗（Mary Oliver）等較為現代的人物。我會從這些故事中尋找感悟，再將這些理念琢磨成更務實的建議，以適應現代工作的實際狀況。但值得注意的是，這些故事所傳達的普遍心態和情緒，本身也具有獨立的價值。追隨佩屈尼的腳步，我相信，要真正向你介紹「取得成就而不過勞的失傳藝術」，一個最好的方法就是讓你沉浸在那些成功者的世界，他們成功打造了符合這個目標的人生。

然而，在一頭鑽進具體事例之前，我想再次向你保證，慢速生產力並不要求你打消野心。人類從擅長自己的工作和創造有用的東西中獲得極大的滿足，這套哲學可以理解為替實現這些目標提供了一條可長可久的道路。例如，很少有人知道牛頓耗費多長時間才發展出他的巨著《原理》（*Principia*）所包含的所有思想（超過二十年）；他們只知道這本書問世之後，永遠地改變了科學。他的思想價值流傳千古，而這些思想誕生過程的悠閒步調卻很快被人遺忘。慢速生產力支援了可以傳世的成就，但允許它們以更人性化的速度開展。

雖然這本書是關於整個知識產業的生產力，但也特別針對那些在工作中具有一定自主權的人，這顯然包括了自由工作者、個體創業家和經營小生意的人。在這些特定環境中，偽生產力的存在並不是出於上司的規定，而在很大程度上是出於自我要求，這就為個人實驗開創了廣大的空間。不過，我想像中的讀者還包括那些可能在大公司工作，但仍然享有大量工作自由的人。例如，身為一名教授，我就屬於後面這個定義；又好比說，一位產品設計師，在她準備好將新創意帶回團隊之前，人們預期她會銷聲匿跡；或者一位完全在遠端工作的人，人們只會概略地追蹤他的產出。

其他那些在辦公環境中工作、受到嚴密監督的人，可能比較難貫徹實行我所建議的策略。那些工作情況特別一板一眼的人也是如此，像是得按照固定的看診時間表工作的醫生，或者主要根據累計的計費時數接受評估的第一年法律助理。這並不是指慢速生產力不會在未來某一天也同樣改革知識工作的這些角落（請參閱我在本書結語中討論的，關於我對這場運動的未來所抱持的更廣泛願景），但每一場革命都需要一個起點，而對於重新思索生產力概念這樣重大的事情，首先將焦點放在有可能進行自我實驗的人身上，會是明智的做法。

記住這些目標和注意事項，讓我們開始進入正題……

第二部

原則

PRINCIPLES

Chapter

3

少做一些事情

慢速生產力的第一條原則

一八一一年十月末，倫敦一份報紙刊登了一則廣告，用來宣傳「一位女士的新小說」。廣告並未透露作者姓名，但在次月刊出的後續廣告中，她被具體地稱為「A女士」。這本書就是《理性與感性》（*Sense and Sensibility*），而這位用了假名的作者，當然就是首度在出版界亮相的珍・奧斯汀。[1]奧斯汀花了十多年時間創作一系列手稿，此刻，她似乎突然一股腦兒地將這些手稿修訂成令人印象深刻的最終面貌。《理性與感性》開啟了連續五年的驚人出版時期，在現代文學史上堪稱無與倫比；隨後，奧斯汀很快又出版了《傲慢與偏見》（*Pride and Prejudice*）、《曼斯菲爾德莊園》（*Mansfield Park*），最後在一八一五年出版了《愛瑪》（*Emma*）。她在兩年後過世，年僅四十一歲。[2]

對於奧斯汀的旺盛生產力，一個常見的解釋是她掌握了暗中寫作的藝術。她在社會地位帶來的許多令人分心的義務中，趁隙潦草寫下一段段有如泉湧的隨筆。此一觀點的來源是奧斯汀的侄子詹姆斯（James），他在一八六九年——也就是奧斯汀過世五十多年後——出版了一本關於他姑媽的維多利亞風格傳記，以這本薄薄的傳記幫助更多讀者認識她的作品。在這本回憶錄的第六章，詹姆斯寫到以下這個令人難忘的描述：3

她竟然能夠做到這一切，實在令人驚訝，因爲她沒有單獨的書房可以躲起來寫作，大部分工作肯定是在共用的客廳完成，很容易遭受各種不經意的打擾。她小心翼翼，生怕僕人、訪客或家人以外的其他任何人發覺她的職業。她在可以輕易收起來或用吸墨紙蓋住的小紙片上書寫。前門和家務室之間有一扇雙開式彈簧門，一推開就會咯吱作響。但是她反對解決這個小小的不便，因爲這聲音可以讓她知道有人來了。

這則關於一位有志難伸的淑女偷偷摸摸從事自己行業的故事，若說直接出自奧斯汀的某部小說也不無可能。鑒於這種令人愉悅的對稱性，這則傳說不出所料地深入人心，在現代敘事中被反覆述說，例如梅森・柯瑞（Mason Currey）於二〇一三年出版的可愛作品《創作者的日常生活》（*Daily Rituals*），以及試圖探索奧斯汀世界的其他更早期文章。[4]「然而，珍・奧斯汀很高興鉸鏈會發出咯吱聲，這樣她就可以在有人進來之前藏好她的手稿。」一九二九年，維吉尼亞・吳爾芙（Virginia Woolf）在《自己的房間》（*A Room of One's Own*）中重述這個場景。

這則故事可以有多重涵義，例如，吳爾芙用它來支持關於性別角色和智識獨立的論證。其他不那麼深奧的記述，則將之奉為一種不放棄夢想的信仰。但是，當我們把焦點轉向生產力的主題，詹姆斯對姑媽的描繪突然變得令人不安。它似乎認可了一種生產模式，認為要取得更好的成果，你就必須在日程表上塞進更多工作。這意味著，你和你自己的《理性與感性》之間的障礙，就是做更多事情的意願。奧斯汀在沒完沒了的社交拜訪之間，趁隙在客廳拿零碎的紙片書寫，那麼你為什麼不能在清晨五點起床，或者更加善用你的午餐時間？

然而，仔細研究奧斯汀的一生，很快就會發現她侄子所說的偷偷寫作的故事存在著問題。更廣泛引用第一手資料的現代傳記顯示，真實的珍．奧斯汀並不是刻苦勞碌的典範，而是另一種截然不同作風的一個強大案例：一種以較緩慢的步調追求生產力的方式。

珍．奧斯汀成長於十八世紀末的英格蘭，在漢普郡斯蒂文頓村（Hampshire village of Steventon）一個基本上算是小型農場的地方長大，要替乳牛擠奶，還要養雞養鴨。他們家自己烤麵包、釀啤酒。夏天，孩子們會拿到乾草耙子和煮好的果醬與果凍，秋天則要幫忙收割。奧斯汀還是小女孩的時候，擔任教區牧師的父親將他們所住的牧師公館變成一所臨時的男童私塾，每天的日常雜務中，又添加了照顧和餵養六名活潑好動男孩的繁重工作。

這並不是說奧斯汀一家是嚴格意義上的勞工階級。正如克萊兒·唐馬林（Claire Tomalin）在一九九七年出版的傳記《珍·奧斯汀傳》（*Jane Austen: A Life*）中所解釋的，他們生活在一個「偽仕紳」（pseudo-gentry）的社交世界，這個世界是由「渴望按照仕紳階級的價值觀生活，卻不擁有土地、也沒有繼承任何大筆遺產的家庭」所組成。[5]但很顯然地，奧斯汀的成長過程並不像她書中的人物那樣，整天待在陳設講究的客廳，在僕人們準備豐盛餐點之際接待訪客。她有工作要做。雖然奧斯汀酷愛閱讀，並在父親的鼓勵下，很小就開始嘗試寫作，但她太忙於管理家裡的房子、農場和學校等日常工作，根本沒有時間認真探索這門技藝。

事情在一七九六年夏天出現重大改變，當時，奧斯汀的父親決定關閉開設在他們家中的男童私塾。「〔這使得〕涉及煮飯、洗衣、打掃和鋪床的一切規劃和準備工作都減輕了，」唐馬林寫道。[6]隨著應盡的義務突然大幅減少，奧斯汀進入生產力「超凡」的時期。她在樓上的書桌前工作，晚上向家人朗讀作品草稿，創作出最終成為三部重要小說的早期版本。正如唐馬林所強調的，是奧斯汀「將自己抽離周遭日常生活」的能力，幫助她找到了自己的文風。7

一八〇〇年，當奧斯汀的父母突如其來地決定停用斯蒂文頓的房子、搬到度假勝地巴斯（Bath），輕鬆的日子戛然而止。接下來十年間，奧斯汀發現自己不停搬家，想辦法從一個新家過渡到另一個，在應對父親生病、最終去世的過程中，擔負起越來越多的責任。就如唐馬林所說，奧斯汀喪失建立「工作節奏」的能力，因而停止了寫作。

如果不是一八〇九年的一項重大決定使得生產環境大幅轉回有利於奧斯汀的條件，這個世界就看不到奧斯汀的文采了。過去十年的動盪生活令人疲憊不堪，奧斯汀和她的母親、姊姊卡珊卓拉（Cassandra）以及世交瑪莎．洛伊德（Martha Lloyd）將自己安頓在一間樸實無華的小屋，位於喬頓（Chawton）這個寧靜小鎮的一個十字路口。這間屋子隸屬於奧斯汀的哥哥愛德華（Edward）擁有的一處大型莊園，愛德華從奧斯汀家族的遠房親戚那裡繼承了這塊土地，這些親戚一直沒有自己的孩子，幾年前就指定愛德華為他們的法定繼承人。

奧斯汀一家被前些年的紛亂和磨難折騰得心力交瘁，為了獲取急需的喘息機會，決定遠離喬頓的社交圈；這一點對奧斯汀的寫作至關重要。這不是一個可以輕易做出的決定。奧斯汀的哥哥基本上擁有這座小鎮、而且就住在幾百碼外的豪宅的事實，意味著可能出現大量的積極社交機會。但奧斯汀一行人不感興趣。「沒有舞會，也很少有晚宴，」唐馬林寫道，「他們很大程度上沉浸於自己的私人活動中。」8

奧斯汀的母親此時七十多歲，她開始穿起臨時工常穿的連身工作服在自家的花園幹活，這讓鎮上的其他居民感到很有趣。同樣重要的是，家人之間達成了默契，讓奧斯汀家的小女兒從其餘大部分家務中解脫出來。除了替全家人準備早餐，其他時間都可以自由寫作。唐馬林解釋說：「這麼一來，只要卡珊卓拉和瑪莎在家，她就享有基本上免做家事的特權。」[9]

奧斯汀在喬頓的小屋與世隔絕，突然間，幾乎奇蹟般擺脫了絕大多數的家務與社交責任，十多年來，她第一次得到一個真正且有意義的空間來進行創造性思考與寫作。就是在這裡，她在窗邊一張可以俯瞰馬路的簡陋書桌前工作，終於完成了《理性與感性》和《傲慢與偏見》的手稿，然後接著撰寫《曼斯菲爾德莊園》和《愛瑪》。

奧斯汀的侄子可能讓這個故事廣為流傳：排程過滿的奧斯汀一本正經地坐在客廳裡，在沒完沒了的雜事之間一陣一陣地瘋狂工作。然而，她在喬頓度過的燦爛歲月，真實情況顯然與此截然不同。*奧斯汀的故事非但沒有美化這種暗中自律的忙碌，相

* 托爾金（J. R. R. Tolkien）的例子和珍．奧斯汀的客廳生產力傳說之間，存在著有趣的相似之處。根據托爾金傳記的作者雷蒙．愛德華茲（Raymond Edwards）的說法，人們普遍相信托爾金是在第一次世界大戰的炮火

反地，如果講述得當，她的故事似乎與此恰恰相反。在人生的繁忙時期，奧斯汀無法進行創造性寫作。唯有透過機緣與巧思大幅減輕了義務，奧斯汀才終於能夠完成她最好的作品。

少做事可以獲得更好的結果——這個心得違背了我們當代人對行動的偏好，因為我們相信多做事可以讓我們擁有更多選擇，產生更多獲取回報的機會。但請回想一下，忙碌的珍．奧斯汀既不快樂，也沒有創作出令人難忘的作品，而無事一身輕的珍．奧斯汀卻在寧靜的喬頓小屋裡心滿意足地寫作，改變了英國文學。

確實，「簡化」對我們這套新興哲學非常重要，我在此將它奉為慢速生產力的第一條正式原則：

原則1：少做一些事情

努力減少你必須履行的職責，直到你能輕易想像自己擁有綽綽有餘的時間來完成它們。借助較輕的負荷，更充分地投入和推展最重要的少數幾項計畫。

下，在他駐紮的有如地獄的戰壕裡，寫下了《失落的故事》(*Book of Lost Tales*)的第一批故事；這是他第一次嘗試創作神話故事，日後將發展成他著名的奇幻作品。正如愛德華茲所言，托爾金本人後來「指出在那種條件下進行連貫的文學創作是完全不切實際的」，並稱這種說法純屬「惡搞」。實際情況是，托爾金直到因為罹患戰壕熱而到英國醫院療養，才開始撰寫《失落的故事》。在那裡，他發現自己突然得到大量的空閒時間，境況和奧斯汀的喬頓小屋沒什麼不同。雷蒙·愛德華茲，《托爾金傳》(英國拉姆斯伯里：Crowood出版社，二〇二二年)，第九十六頁。

當然，這項要求說起來容易，做起來卻很難。在你的職業生活處境中，忙碌似乎無法避免。客戶需要你用心維護，主管拿各種要求淹沒你。即使你是能夠完全掌控自己生活的個人創業家，對收入的需求也可能削弱你減少工作量的意願。對於收件匣永遠爆滿的知識工作者來說，珍．奧斯汀在喬頓小屋的書桌前長時間寫作的情景，似乎是一個美好的夢幻泡影。

我在本章的目標，是說服你不要放棄對這種精心設計的簡化抱持憧憬。如果你願意在思索如何選擇和規劃工作時發揮創意——有時甚至採取激進的思維——在大多數現代工作環境中，這種簡單是有可能實現的。在接下來的篇幅，我將詳細陳述為什麼致力於簡化，對現代知識工作可以如同對奧斯汀的維多利亞時代小說寫作一樣有益（而且一樣可以實現），然後詳細介紹實行慢速生產力第一條原則的一些具體戰術。

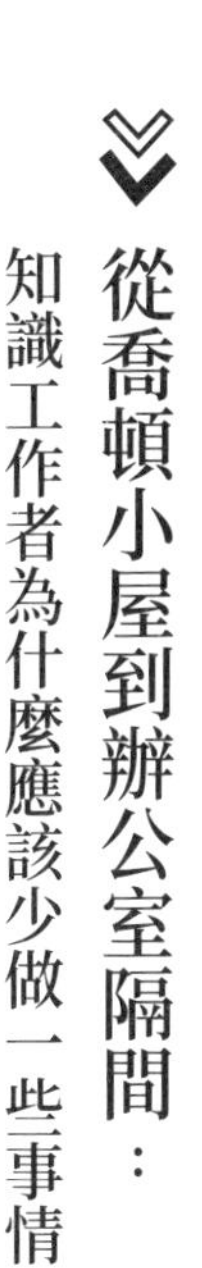

從喬頓小屋到辦公室隔間：
知識工作者為什麼應該少做一些事情

二〇二一年春天，一位名叫強納森．佛羅斯蒂克（Jonathan Frostick）的滙豐銀行專案經理在家中遠距上班時，突然心臟病發作。我們會知道這件事，是因為他後來在領英（LinkedIn）發布了自己躺在醫院病床上的照片，並附上他如果活下來將如何改變生活的六大決心。這則貼文在網路上瘋傳，引來將近三十萬則評論，並吸引了國際媒體的報導。

佛羅斯蒂克事件之所以引起我的注意，是因為他在六大決心中選擇宣誓的第一條是：「我再也不要整天泡在Zoom上了。」正如佛羅斯蒂克後來接受彭博社（Bloomberg）採訪時所闡述的，在疫情第一年，他把越來越多時間拿來開視訊會議，於是，他平日的工作時間開始拉長。「以前，我會在五點到六點半之間理智地結束工作，現在，我會在星期五晚上八點筋疲力盡地想著，我需要為星期一的某件事情做好準備，但我沒有時間，」他說，「從那時起，我開始在週末切實地工作。」[10]在這段時期，佛羅斯蒂克並非唯一一個被工作排程壓得喘不過氣的人。微軟公司發表的一份工作趨勢報告顯示，在新冠疫情第一年，人們花在會議上的時間增加了二．五倍，而收到的即時訊息對話和電子郵件數量也呈爆炸性增長。正如該報告所總結的，「人們日常工作的數位強度大幅上升。」[11]

當然，大多數知識工作者不需要統計數據來說服他們相信自己親身經歷過的趨勢。隨著二〇二〇年邁入二〇二一年，我開始時常聽到讀者抱怨，他們差不多一整天都浪費在一個接一個的虛擬會議上，而會議之間的每一個間隙幾乎都被狂轟亂炸的Slack訊息塞滿。情況變得如此惡劣，以致我將這段時期稱為「視訊會議末日劫難」（Zoom Apocalypse）。也就是說，強納森．佛羅斯蒂克突發心臟病，而他復元後的首要決心就是逃離視訊會議地獄，一點都不令人意外。然而，對我們來說重要的問題是，這一切究竟為什麼會發生？

在知識工作中，當你答應承擔一項新的職責，無論是小型任務或大型專案，都會帶來一定的經常性行政開銷：例如為了蒐集資訊而產生的一連串電子郵件往返，或者為了與合作者維持一致步調而安排的會議。一旦你承擔了新的責任，就會立即觸動此類「行政開銷稅」（overhead tax）。隨著待辦事項清單越來越長，你總共必須付出的行政開銷稅也越來越高。由於一天的時數是固定的，這些雜務會占用越來越多處理核心工作的時間，拖慢完成目標的速度。

工作量適中時，其影響可能令人沮喪，讓人籠統地覺得完成工作所需的時間比應該花的時間更長。然而，隨著工作量的增加，你支付的行政開銷稅最終會到達一個臨界點，超過臨界點後，後勤工作就會吞噬你大量的時間，以致你來不及完成舊任務以追上新任務的進度。這樣的迴圈可能會急遽失控，使你的工作量越堆越高，直到你發現自己一整天都耗在行政工作上：在電子郵件和簡訊嗡嗡不絕的背景噪音下，開著一場又一場的會議。最後，唯一的解決辦法是將真正的工作推到下班後特意擠出來的時段——晚上、清晨或週末——拚盡全力避免出現毫無任何實際成果的情況。你忙得昏天暗地，卻幾乎一事無成。

正是這樣的動態解釋了「視訊會議末日劫難」。為了解箇中原因，讓我們仔細看看強納森．佛羅斯蒂克這類知識工作者在疫情降臨時遭遇了哪些改變。這場突發的公衛事件以不同的方式影響了不同的經濟領域，在知識工作中，最明顯的干擾是轉向遠距工作；這導致大量的新型任務突然湧現，目的是調整我們的工作，讓我們能在辦公室以外的地方運作。例如，作為一名大學教授，我還記得疫情爆發後的第一個春天，我手忙腳亂地想辦法將我的課程轉為線上模式。我買了一台廉價的塑膠平板電腦和電子手寫裝置，這樣就可以透過Zoom，在與學生們共享的虛擬白板上塗塗寫寫。但我發現這項技術多有不足，所以最後只能胡亂嘗試以蘋果觸控筆為基礎的各種應用程式，直到找到能用的東西為止。我還被迫掌握了Canvas課程管理軟體，以便接收學生提交的電子作業。單獨來看，這些新任務的規模不算太大，但它們夾帶著一股急迫感，突如其來地降臨。其他許多知識工作者也有類似經歷，疫情並沒有讓他們淹沒在新的工作中，但卻似乎突然增加了他們必須付出的行政開銷稅。

轉向遠距工作也使合作變得比較沒有效率，增加了達成這些新行政開銷稅的要求所需的時間。如果我們在同一棟大樓工作，而我有一個關於專案的問題想問你，我可以等到你的辦公室門打開了，再很快走過去臨時聊上五分鐘。相較之下，如果我在家工作，我們可能就需要安排一次視訊會議，而基於大部分數位行事曆的格式，我們可能需要至少預留三十分鐘的時間。「遠距工作時，這種臨時起意的合作變得很難安排，」我在二〇二〇年一篇關於遠距工作成本的文章中寫道，「決策開始延宕。」[12]

行政開銷稅在數量和成本上的增加幅度都不算太大。（例如，我必須為我的大學課程學習新的技術，但我不需要從頭開始創建全新課程。）然而，這些微幅的增長已足以讓許多人（比如強納森・佛羅斯蒂克）越過行政開銷稅的臨界點，將他們捲入令人耗盡心力的過重後勤負荷，標誌著「視訊會議末日劫難」的最黑暗時刻。這項觀察很重要，因為它不僅說明我們在疫情期間的工作狀況，也說明了我們在這些干擾降臨**前夕**的工作狀況。人們在二〇二〇年春天開始轉向遠距工作時，許多知識工作者早已將工作量推到瀕臨行政開銷稅臨界點的邊緣；這是他們為了勉強跟上工作進度所能承受的最大行政負荷。只需要最後一個意想不到的推力，就能破壞職業生活的穩定。隨著疫情的干擾逐漸消減，我們也逃離了視訊會議劫難，許多人似乎又回到這個危險的邊緣，僅能勉強完成足夠的工作，擔心只要一個額外的要求或緊急情況，就會導致他們再次失控。

不需要營運專家也能得出這個結論：在為我們的職業生活進行安排時，與行政開銷稅臨界點玩這樣的「懦夫博弈」（game of chicken），是一種瘋狂的做法。為了更具體說明，讓我們思索幾個簡單的數字。想像你負責製作你們公司販售的報告，接著，假設完成一份報告需要花費七小時的核心精力，而你承諾撰寫的每份報告，每天都會產生一小時的行政開銷稅（電子郵件、會議、占用心智空間等等），直到寫完報告為止。*在這個思想實驗中，如果你每次只做一份報告且全心全意投入其中，完成之後才開始進行另一份報告，那麼你將以每天一份報告的速度完成工作（假設你每天工作八小時）。然而，如果你答應同時撰寫四份不同的報告，那麼要維持任務清單上的全部四項工作，合起來的行政工作將耗費你半天的時間來處理後勤事務，使得完成一份

* 行政開銷稅的一個關鍵屬性，就是會不斷膨脹來填滿它能得到的所有時間。只要一項專案是你承諾要做卻還沒完成的，它就會以進度會議、臨時電子郵件對話和傳統的心智空間等形式持續賦斂。

報告所需的時間增加整整一倍。在前者的例子中，少做一些事情最終創造出更多的成果。

少做一些事情的好處，不僅在於增加了用於有效活動的工作時數；這些時間的**品質**也變得更好。當你著手進行一項專案，如果不必急著到處滅火，你就能有更開闊的實驗空間、感受更開闊的可能性。也許你能找到一個巧妙的新經營策略、設計出一套優雅的演算法，或者提出一項大膽的廣告戰術；這些事情在注意力更分散的狀態下是辦不成的。有一些枯燥的生理和神經學解釋能說明這種效果，例如，當你的排程滿到不切實際，過高的皮質醇會限制思維的運作；或者另一個解釋是，激發大腦在神經元之間建立豐富的語義連結，會需要更長的時間。但是，我們不需要科學來說服我們相信自己親身體驗過的事情：不著急的時候，我們的大腦運作得更好。

我們現在已澄清了關於慢速生產力第一條原則的一個常見混淆：「少做一些事情」很容易被誤解為「少完成一些事情」。這樣的理解恰恰與原意背道而馳。無論你任務清單上的內容是多到滿出來或稀稀落落，你每星期基本上還是維持一樣的工作時數。任務清單的長短，只影響這些時間能夠多麼有效地運用於創造成果。正是在這裡，我們找到了「少做一些事情」之所以對現代知識工作者和對珍．奧斯汀同樣重要的主要論據。不僅因為工作超載會令人精疲力竭、難以為繼，並且活得很悲慘（雖然確實如此），更因為少做一些事情能讓我們把工作做得更好；不僅在心理層面上，在經濟層面和創造力層面上也是如此。客觀地說，全神貫注於少量任務，等完成每一項任務再開始新的工作，是運用我們的大腦創造有價值成果的更好方法。

但是，現在還可能存在工作量如此稀少的情況嗎？在很大程度上，知識工作的文化似乎建立於越來越多的工作和越來越高的「效率」之上，因此，「少做一些事情」的概念即使理論上合乎邏輯，實際上卻似乎是一個不可能實現的目標。換句話說，在我們開始探索實行這項原則的具體策略之前，我們首先必須說服自己相信這是現代職場允許存在的一種做法。

初次接觸強納森・佛羅斯蒂克的故事，以及他所體現的更廣泛的「視訊會議末日劫難」趨勢之後，我發現我被這些事件核心的難解之謎攪得心神不寧：為何那麼多知識工作者的工作量，最終都恰恰落在瀕臨行政開銷稅臨界點的邊緣？不妨想像另一種可能的情境，像是大多數員工距離臨界點很遠，能夠輕易承擔突如其來的新任務；或者相反的情況，工作者不斷越過臨界點，陷入佛羅斯蒂克式的職業倦怠。但這不是我們所看到的。大多數有幸對自己的行動施加一定掌控力的工作者——如知識工作者、小型創業家或自由工作者——往往會防止自己承擔過多工作以免累垮和倦怠，但也常常不懂得適度地工作。他們活在那個還能支撐下去的行政開銷稅最高點上，這似乎是各種組合中最糟糕的狀況，因為它保留了有太多事情要做的痛苦，又將痛苦維持在可駕馭的範圍內，足以逃避改革。

目前，我所見到關於這些議題的討論，大多採取一種傳統的衝突理論架構的觀點，聲稱我們之所以被推向過度工作，是因為主管或企業老闆等剝削者試圖從我們的勞動中榨取最大價值。然而，這些理論架構最初是在控制嚴格的製造業背景下發展起來的，後來又延伸到時薪服務業，頂多只能勉強解釋知識工作的半自主性和模糊性。如果你是在電腦螢幕前辛勤謀生，那麼工作任務未必是由揮舞著碼錶、不惜一切代價都要達到生產目標的主管直接指派給你，而是來自四面八方的人——同事、人力資源部、客戶——更隨意地拋給你的。此外，正如我們剛剛確定的，腦力工作的動態和體力工作不同。在工廠裡，強迫員工延長工作時間可能會直接帶來更多利潤。相較之下，在知識工作中，驅使員工承擔更大的工作量，可能會雙雙降低產出的數量和品質。如果我們的工作量完全由追求利潤最大化、全知全能的管理者來決定，那麼，儘管乍聽之下有些荒謬，但我們可以預期自己的工作量會變得**比較少**。

正是接受了知識工作這種從根本上不受控制的本質，我們才找到了解決謎題的方法：自我規範。知識工作者如何決定何時對綿綿不絕的請求說「不」？在現代辦公環境中，人們往往將壓力視為預設的節制燈號。當你拒絕視訊會議的邀請，你會付出一定的社會成本，因為你會對某位同事造成輕微傷害，並且可能釋放出自己難相處或愛偷懶的信號。但是，如果你的工作量給了你足夠壓力，這樣的代價或許變得可以接受：你確信自己忙得快要撐不下去，這便為你提供了不出席視訊會議的心理掩護。你需要感受足夠的個人痛苦，以合理化說「不」可能給對方帶來的傷害。

當然，靠著壓力來指引行動的問題是，在你發覺自己已悄悄瀕臨工作量多到難以為繼的邊緣之前，你不會開始拒絕新湧入的任務。它確保你永遠處於即將越過行政開銷稅臨界點、令人精疲力盡的極限空間。這就是為何有那麼多知識工作者總是隱約感到工作過量，以及為什麼我們在受到意外干擾時很容易徹底陷入倦怠：我們以隨意的態度管理自身工作量，這會保證我們總有太多事情要做。

當我們試圖落實慢速生產力的第一條原則，這項見解是個好消息。如果我們工作過度的根源，某種程度上是我們管理自身職責的特異方式所帶來的副作用，那麼我們就能相信會有更好的選擇存在。事實上，在我為本書所做的讀者調查中，我碰到許多從事典型繁忙知識工作的案例，他們發現自己不僅可以在職業生活中少做一些事情，而且一旦這麼做，正如預料的，他們最終會更快樂，工作得更出色。

舉例來說，一位名叫蘿拉的教練表示，她簡化了自己的業務範圍，把提供的服務縮減到只剩幾個關鍵項目。「自從想通這一點，」她告訴我，「我的大腦更平靜了，互動品質變得更棒，工作品質也提高了。」由於工作品質變得更高，她現在可以用較少的工作時間賺到同樣的收入。諷刺的是，蘿拉承認，減少工作量的初衷是為了在生活其他層面找到更好的平衡。最後竟然收入不減的事實，是個意外的驚喜。

一位名叫傑森的法學教授對我說了一個類似的故事，關於「縮小聚焦範圍」的有益決定。一年前，他暫停了撰寫期刊論文的「慣常瘋狂步調」，轉而潛心關注他被聘為專家證人的一起重要案件。「我對我的報告投入的專注與用心，以及為了抵擋敵對口供和交叉詰問所做的必要準備，幫助我交出了從業迄今的顛峰之作，」他說，「我已經就此做了一些初步的學術報告，我的工作從未得到如此積極且令人印象深刻的回應。」換句話說，傑森的事業生涯因為他決定暫時不增加工作量而出現飛躍性進展。

一位名叫奧蕾莉雅的教師厭倦了普遍存在於十二年基礎教育體系的工作量超載，悄悄制定了一條明確的規則：「我不再做沒有酬勞、但顯然被認定是我工作的一部分的事情。」這道新劃下的底線沒有帶來任何不良後果。事實證明，吞噬她時間的許多「蠢事」，其實根本沒有那麼緊迫。一位不願透露姓名的資深顧問告訴我，當他的公司制定了一項政策，給予顧問一定的非計費時數供他們隨心所欲使用，他的事業生涯出現了重大轉折。「這改變了我的生活，」他解釋說，「我能夠學習，並將觸角延伸到新的領域……它讓我對這一行重新充滿熱情……讓我想起自己當初為什麼會喜歡這一切。」一位名叫尼克的土木工程師經理離開了令人疲憊不堪的每週六十小時的工作，轉而從事一份每週工作三十小時的差事。這份差事有更明確的工作要求，使他能夠保持更可駕馭的工作量。「我發現我能夠用一半的時間完成跟以前差不多的工作量，因為我的工作重心變窄了，」他帶著明顯的詫異表情解釋道。

我們已經證實，工作超載並非知識工作必不可少的現象。相反地，它主要是我們管理自身工作量的粗糙方式所產生的副作用。我們還進一步證實，以最大負荷量工作，會大大降低我們完成有效任務的速度，因為它會讓我們的時間表被行政瑣事塞死，並將我們的注意力切得零零碎碎，以致無法支撐原創性思維。適用於十八世紀的珍．奧斯汀的道理，也適用於二十一世紀盯著電腦螢幕的工作者：少做一些事情，是把工作做好的關鍵。

然而，這項認知本身並不足以支撐你在職業生活上轉型。知識產業仍然被偽生產力的要求所界定。對沒有覺悟的人來說，你決心少做一些事情，可能會被認為是懶惰或欠缺職業道德。要在充斥著會議邀請和電子訊息的工作環境中，成功轉向喬頓小屋式的自由，需要採取更謹慎、更高明的做法。現在，我們將注意力轉向這些更具體的構想。

主張：限制大型事務

在尋找靈感、思索如何落實慢速生產力的第一條原則「少做一些事情」時，不妨先看看一個關於簡化工作的著名案例：數學家安德魯．懷爾斯（Andrew Wiles）對費馬最後定理的追索。費馬最後定理是一個看似簡單的數論問題，由法國博學家皮埃爾．德．費馬（Pierre de Fermat）在十七世紀首次提出，數百年來無人可解。＊科普作家賽門．辛格（Simon Singh）為了撰寫《費馬之謎》（*Fermat's Enigma*），做了令人欽佩的研究工作，正如他在這本書中詳細描述的，此一定理最終被解開的故事有一個非常戲劇化的開端。場景始於一九六〇年代的一間圖書館，十歲的安德魯・懷爾斯偶然讀到一本介紹該定理的書，他被迷住了。「這是我——一個十歲孩子——看得懂的問題，」他告訴辛格，「從那一刻起，我就知道我永遠不會放手。我必須找出解答。」13

時間快轉到一九八六年。懷爾斯如今是普林斯頓大學的數學教授，他在橢圓曲線的算法上取得了早期突破，成為同輩中最傑出的數論家之一。就在此時，故事突然出現神來一筆。懷爾斯得知，一位名叫肯・里貝特（Ken Ribet）的同輩數論家在費馬難題和一個晦澀難懂、高度技術性的「谷山—志村猜想」（Taniyama-Shimura conjecture）之間建立了令人驚訝的連結：里貝特證明，只要證實這個猜想成立，就能

* 有興趣知道的話，以下是費馬最後定理的幾個相同表述之一：當 n 大於 2，沒有任何三個整數 a、b 和 c 可以滿足下列等式：$a^n + b^n = c^n$。

證明費馬最後定理為真。

懷爾斯一下子愣住了。說到底，谷山—志村猜想大量援用了橢圓曲線理論。在十歲之年宣告自己有一天會解開費馬最後定理的懷爾斯，一夕之間成了全世界最有資格這麼做的人之一。「我激動不已。在那一刻，我知道我的人生軌跡出現了變化，」他說，「它意味著我兒時的夢想此刻成了一件值得去研究的體面大事。我知道自己永遠不能放棄。」[14]

安德魯·懷爾斯之所以與慢速生產力有關，是因為他回應這項重大決定的方式，是全神貫注地追求這個單一目標。正如辛格所總結的，這位年輕數學家立刻開始縮減他的工作職責：

懷爾斯捨棄了任何與證明費馬最後定理沒有直接關聯的工作，並且停止參加永無止境的學術會議和座談會。由於他在普林斯頓數學系仍有應盡的職責，他繼續參加研討會、在大學部講課、指導學生。但只要有機會，他會盡可能在家工作，躲進閣樓書房，避開身為教職員一分子的雜務。15

當然，還有發表論文的問題。普林斯頓大學的教授被期望發表論文。為了避免不必要的關注，懷爾斯想出了辛格所說的「狡猾的花招」。在一九八〇年代初期的大部分時間裡，懷爾斯一直躲起來鑽研關於橢圓曲線理論的一項「重大研究」，準備發表一篇引人注目的大部頭手稿。此時，他決定改變路線。為了爭取時間來研究費馬定理，他決定把幾近完成的論文分成幾個小塊，每半年左右發表一篇簡短論文。「這種顯而易見的生產力，會讓同事相信他仍然在做他的日常研究工作，」辛格解釋說。16

一九八六年，懷爾斯開始認真研究費馬最後定理。五年時間裡，他祕密地艱苦研究，經常躲在自己的閣樓辦公室，有計畫地迴避較大型的專案和義務。從一九九〇年代初起，隨著離解答越來越近，他開始再次參加某些橢圓曲線研討會，利用新的技術翻新他的數學工具箱。後來，他獲得牛津大學客座研究教授的職位，這讓他可以比較不費力氣地專注於研究。（這些職位按原本的立意，除了深入思考難題之外，幾乎沒有其他義務。）最終，一九九三年，在他展開探索的八年後，懷爾斯在劍橋大學牛頓研究所的一系列講座中，呈現他對谷山―志村猜想的完整證明。在他的最後一次演講，會場後方擠滿了從與會人士身上得到小道消息的媒體人員。當懷爾斯講完了自己的證明，他打趣道：「我想我就在這裡停下吧。」鎂光燈開始狂閃。

假若你不是一名拿到終身職的數學教授，安德魯．懷爾斯為簡化工作量所採取的具體行動，可能沒有那麼大的實質意義。不過，對我們的討論有助益的，是他採用的整體性方法。為了讓自己準備好專注於一個重大且有意義的單一計畫，懷爾斯限制了會爭奪他的時間的其他大型研究和義務。最重要的是，他是有計畫地縮減。他並沒有籠統地決定減少承接任務；相反地，他制定了具體的規則（例如不參加會議）、習慣

（比如盡可能在家工作），甚至是花招（例如一點一滴釋出已完成的研究工作）——一切都是為了盡量減少大型事務的數量，以免這些事項奪走他的注意力。

第一項主張是建議你效法安德魯．懷爾斯，實行一套有條不紊的計畫來限制職業生活中的重大義務。有很多方法可以用來追求這個目標，下面敘述的策略中，我將概略說明我認為特別有用的一套具體方法：同時對不同級別的工作設限——從你的總體使命，到你的現行專案，再到你的每日目標。

同時在這三個級別上刻意設限，比單獨關注其中一個級別更有可能成功。舉例來說，如果你有好幾個重大的專業使命，你很難限制它們各自衍生出來的持續性專案；同樣地，如果你有太多現行專案，你也很難防止你的日常排程被塞得太滿。以下是分別針對這三個級別的三種限制策略。

限制使命

「使命」這個詞聽起來可能很宏偉。為了我們的目的，我們要將它降格為一個更實用的定義：支配職業生活的任何一個持續性目標或服務。安德魯·懷爾斯的使命是解開費馬最後定理。贏得補助金、有效管理人力資源需求、做出新的創意簡報以及設計出優雅的電腦程式，這些也都是使命，它們最終決定了你在工作中的注意力焦點。你的使命範圍很容易不斷擴大，因為擁抱重大新目標的那一刻，可能會令人感到非常興奮。然而，一旦接受了使命，就需要開始努力。如果你的職業生活有一個厚重的開頭，繁重的工作量勢必無可避免。因此，要成功執行慢速生產力的第一條原則，就必須從減少你的主要目標做起。

很難確切說出使命的最佳數量，但一般來說，越少越好。全心全意專注於一件事情是一種浪漫，但這種程度的簡單通常只存在於最純粹的創作領域——海明威在西礁島（Key West）用他的皇冠牌打字機敲出他的晨間書稿。兩、三個使命比較好駕馭，而且仍然相當簡約，例如，當我從大學畢業，獲得資訊工程學位，並與蘭登書屋（Random House）簽了一紙出書合約時，我決定將工作大量集中在這兩項使命上：學術研究和寫作。這種情況一直持續到我獲聘為助理教授為止，這時，我必須添加第三項使命：致力於服務學術生活必要的非研究層面，包括備課和督導學生。三項使命似乎仍能符合慢速生產力，尤其是在我小心控制的情況下（詳情請見下一個主張），但老實說，我懷念兩項使命的單純性，並垂涎於只有單一使命的想法。

反之，要維持五個以上的使命而不覺得自己淹沒在躲不掉的工作中，那就很難了。這個數量的目標聽起來或許很多，但要讓你許下的承諾隨著時間的推移而越來越多，比你想像的容易。例如，我的朋友珍妮・布萊克（Jenny Blake）在她二〇二二年出版的新書《閒暇時間》（*Free Time*）中寫道，她的小型顧問與培訓公司不斷擴大，直到有一天，她因為工作的負荷而筋疲力盡，抬起頭來，才察覺自己正在支撐十多種不同的收入來源，她將這些收入來源形容為「多年試驗下來的遺產」。[17]再怎麼聰明的時間管理或精簡策略，都無法讓維持十項使命所需的工作量保持在可駕馭的範圍內。

在布萊克開始幻想「中樂透或一把火燒掉一切」之後，她意識到，要想過上可持久且有意義的職業生活，就必須進行簡化。她刪減收入來源，將員工人數降到只剩下三名兼職員工。如今，她平均每週工作二十小時，每年休假整整兩個月。當然，假如布萊克願意四處奔忙來支撐更多項使命，她可能會賺更多錢。不過，當你享受每週工作二十小時的生活，就很難去在意這樣的可能性。

限制專案

有了使命就必須發起「專案」。在我的定義中，專案指的是任何與工作相關、但無法一舉完成的行動。有些專案一旦做完就結束了，例如更新商品網站上的銷售文案。另一些專案則是持續性的，意味著它們沒有任何明確的停止點，例如回答客戶的支援性問題。專案創造了許多具體任務，這些任務會占用你的工作時間。由此可見，限制它們對限制你的總體工作量而言至關重要。

要達到這個目標，一個粗暴的方法就是裝出性格古怪、對人不理不睬的形象，最終迫使同事將他們的要求和任務轉移到別的地方。我在《Deep Work深度工作力》（*Deep Work*）一書中指出，榮獲諾貝爾獎的理論物理學家理查・費曼（Richard Feynman）就是這種方法的典範。在《Deep Work深度工作力》中，我重點介紹了費曼於一九八一年接受ＢＢＣ《地平線》（*Horizon*）節目採訪時的這段摘錄，費曼當時是加州理工學院的教授：

> 要做好眞正的物理研究工作，你確實需要絕對充裕的時間……需要高度專注……如果你需要從事任何行政事務，你就不會有這樣的時間。所以我爲自己

編造了另一種傳說：我不負責任。我極盡地不負責任。我告訴每個人，我什麼事也不做。18

然而，即便是費曼這種古怪得要命的人，要維持反社會的表面形象也非常費勁。例如，我忘了在《Deep Work深度工作力》中提起，費曼接受《地平線》採訪的五年後，當他以前的學生、時任美國航太總署代理署長的威廉．格萊姆（William Graham）打電話給費曼，說服他加入總統委員會，調查「挑戰者號」太空梭災難事件，費曼用不負責任架起的保護罩被戳穿了。費曼最終幫忙查明了挑戰者號的爆炸原因：當冷卻到一定溫度以下，太空梭的橡膠O型密封環就會失去彈性。費曼在委員會的電視聽證會上將一個O型環擲入一杯冰水，對這個問題進行了著名的示範。這個示範成了經典，為這位年邁的物理學家吸引了新一波的晚年名氣。

然而，儘管費曼在這項任命上極其成功，但不可否認的是，它代表著費曼在職業生活中迴避無關專案的最佳計畫失敗了。「若要怠慢責任，需要時時保持警覺，一刻不得放鬆，」費曼在一九八六年的一篇人物特寫中告訴《洛杉磯時報》，「而我失敗了！總統委員會的事情出現時，我不夠小心。我辜負了自己的原則。」[19] 看來，光是讓自己變得太討人厭以致不被打擾的計畫，無法持續太久。你只有那麼幾次機會可以提出毫無道理的拒絕，而不丟掉工作或被貶為不可靠的討厭鬼。

這就給我們留下一個更為細緻的選項來限制專案：訴諸你實際可用時間的現實情況。現實情況很困難，而他人對你的說法無可置疑。如果有人要求你做一件事，而你訴諸某種模糊的忙碌感來搪塞，那麼你不可能總是成功。「大家都很忙，」他們可能會回答，「但我真的需要你為我做這件事。」相反地，如果你在人們心目中是一個會謹慎管理時間的人，並且能更具體量化你的忙碌程度，你會有更大的機會迴避新的工作。當你說：「至少在未來三週，我看不到任何足夠長的空檔來做這樣的工作，在此同時，還有另外五項專案在爭奪我的時間表。」別人很難反駁，除非他們願意質疑你的計算，或者要求你延長工作時間來滿足他們的特定要求。

為了取得可信度，我建議，在考慮一個新專案時，首先估算出它需要多少時間，然後設法**找出時間並寫在你的行事曆上**。將時間空下來，就像預定開會時間一樣。如果你無法在近期的排程中找到可以輕易安排這項工作的足夠空檔，那麼你就沒有足夠時間來做這件事。要麼拒絕這項專案，要麼取消其他事情來騰出時間。這種方法的力量在於，你要處理的是你的時間的現實狀況，而不是當下感到自己有多忙的直覺。

你不必無限期地以這種方式預先為專案安排時間。執行這種策略一段時間後，你就會形成一種直覺，知道自己在不過度消耗時間的情況下，大概能同時維持幾項職責。在那之後，只需追蹤當前的專案總數便已足夠，一旦超過上限就拒絕接受新的工作——當然，在異常繁忙的時期必須視需要進行調整。

雖然這種方法的用意是防止你接受超出你的時間所能處理的工作量，但若以專案填滿工作日的每一分鐘，這種做法即便可以執行，也會導致不符合慢速生產力的忙碌程度。要解決這個問題，你可以限制分配給專案的時間（想想珍妮·布萊克的每週二十小時工時），並給你的估算留點餘裕，確保你有足夠時間完成你所接受的任何工作，不會手忙腳亂或倉促行事。我們將在下一章詳細闡述這類構想，著重討論按照自然步調工作的原則。此刻，這項策略的重要之處在於，無論你如何定義合理的工作量，你都要對你的排程保持清晰和可控，以維持合理的工作量。有一種迷思，認為說「不」是一件很困難的事，無論是對別人還是對自己的雄心壯志。然而現實情況是，如果你有確鑿的證據表明說「不」是唯一合理的答案，那麼說「不」其實並沒有那麼糟糕。

限制每日目標

我們已經來到限制策略的最小工作級別：你決定在當天取得進展的專案。我的建議很簡單：一天最多進行一項專案。澄清一下，我無意規定讓單一的每日專案成為你一天的**唯一**工作。你可能還需要開會、回覆電子郵件、處理瑣碎的行政事務。（關於這些較瑣碎的任務，我們將在接下來的「遏制小任務」主張中詳加討論。）但是，當涉及將精力花在更重大的行動上時，請每天**只全神貫注**於一個目標。

我是在麻省理工學院攻讀博士時，從我的指導教授身上學到限制每日專案的原則。她是分散式演算法理論的奠基者之一，也是一位多產的學者。她經常對我試圖在多篇學術論文之間來回切換，或者在同一天內將寫書和資訊科學思維結合起來的做法感到不可思議。她寧可一次沉浸於一項專案，全心全意投入其中，直到可以徹底放下它，再展開下一個專案。我當時深信，每天只做一件重要事情的**緩慢速度**會阻礙我的發展。在年輕人急不可耐的野心驅使下，我希望同時在盡可能多的事情上取得進步。

當然，我錯了，她是對的。每天只做一件大事，會產生一種和諧的穩定性，既取得了真正的進展，也同時抑制了焦慮。這種步調在當下可能顯得很慢，但將鏡頭拉遠、想想幾個月後終將累積出的成果，就會發現這種憂慮有多麼狹隘。作為一名二十多歲的研究生，我當時太年輕，無法明白這個道理，但我今天肯定看得出其中的智慧。

主張：遏制小任務

在一本關於慢速生產力的書中述說班傑明．富蘭克林的故事，似乎是一個不尋常的選擇，因為他的工作準則是出了名地嚴苛。例如，富蘭克林在他的自傳中談到，他為了替自己剛剛起步的費城印刷廠贏得關注，高調地比競爭對手工作更長的時間，印刷機經常運作到午夜或更晚。「由於街坊鄰里都看得到這一行，它開始為我們帶來身分和信譽，」他寫道。[20] 在打穩了核心印刷業務的根基之後，富蘭克林透過發行《賓夕法尼亞公報》（*The Pennsylvania Gazette*）來擴大他的商務活動。他幫助這份報紙發展壯大，一部分是靠著他接下費城郵政局長這個吃力不討好的職務，這職位讓他很早就接觸到了新聞事項。

推出《公報》三年後，富蘭克林接著進軍圖書業，開始出版他的《窮理查年鑑》（*Poor Richard's Almanack*），也很快就風靡一時。為了尋求更多收入，富蘭克林在其他地方開設了兩家特許經營的印刷廠分廠：第一家在南卡羅萊納州，第二家在紐約市。這種複雜的經營方式需要富蘭克林為每家分廠安裝一台印刷機，由他提供資金和專業知識以換取利潤分成。在此期間，富蘭克林開始列出他希望每天遵守的基本美德清單。[21]毫無意外地，其中一項美德就是「勤奮」，富蘭克林在自傳中將之定義為決心「不浪費時間」，並「時時刻刻做有用的事情」。你可以假設在他的清單上，這一列總是被他打了勾。

然而，將富蘭克林奉為忙碌守護神的觀點，忽略了一個更細微的故事。雖說他的職業生涯一開始確實呈現工作超載的狀態，但情況並非一直如此。傳記作家布蘭茲（H. W. Brands）指出，富蘭克林苦幹實幹、勞累地度過三十多歲時，開始感到疲憊不堪。「富蘭克林的部分問題在於，」布蘭茲寫道，「他開始分身乏術。」[22]正是在此時，富蘭克林做出一個意想不到且很少被披露的改變，朝慢速生產力轉移。

富蘭克林對「慢」的醒悟，故事核心帶著一點點機緣巧合。一切始於富蘭克林決定開設第三家印刷廠分廠，這次是要開在西印度群島，交給一位名叫大衛·霍爾（David Hall）的英籍印刷助理經營。一七四四年，霍爾抵達費城，卻因罹患黃疸而打亂了計畫，這很有可能是因為他從倫敦長途跋涉、橫跨大西洋時感染了肝炎。富蘭克林做出一個改變命運的決定，讓大衛·霍爾在等待康復的期間，留在費城印刷廠工作。然而，富蘭克林對霍爾的技術佩服不已，以致最終放棄了西印度群島計畫，決定讓他的新員工永久留在當地。正如布蘭茲寫道：

霍爾成了富蘭克林的工頭，他以高超的技巧和效率處理廠內事務，就連要求極高的富蘭克林也無可挑剔。印刷業務給老闆帶來了越來越高的利潤，但他需要投入的時間卻少於以往。[23]

富蘭克林不再為經營複雜業務所需的種種行政瑣事所累，慢慢將注意力轉向更崇高、更有吸引力的計畫。在霍爾到來後的頭四年裡，富蘭克林推廣了他的高效能燃木壁爐、籌組了費城民兵隊，並創辦美國哲學學會。

然後在一七四八年，為了鞏固這份新得來的閒暇時間，富蘭克林採取了一項重大行動，將大衛・霍爾從工頭晉升為正式合夥人。富蘭克林把經營生意的所有細節工作都交給霍爾，並與他分享利潤。正如布蘭茲所指出的，這項舉動大幅減少了富蘭克林的潛在財富。他不僅放棄了一半的年利潤，還放棄了假如富蘭克林這位有天賦的生意人繼續參與經營、提出新計畫並開拓新市場，他的生意本來可以達到的進一步發展。

不過，富蘭克林很高興拿金錢換取時間，從事更有意義的活動。事實上，這種新發現的自由所帶來的喜悅，充斥在富蘭克林此一時期的往來信件中。「我正在結清我的舊帳，但願很快就能成為自己時間的主人，」他在一七四八年給一位倫敦朋友的信中這麼寫道，接著闡述：24

> 除了自己想做的事情之外，我現在別無其他**任務**，享受著我認爲的巨大幸福，有閒暇去閱讀、研究、做實驗、自由自在地交談……討論可能會爲全人類帶來福祉的一些問題，不受生意上的瑣事和累活所干擾。

事實證明，對於沒有「任務」和「生意上的瑣事和累活」的生活潛力，富蘭克林所做的樂觀預測準確無誤。一七四八年，富蘭克林開始沉迷於電的原理，他是一年前在波士頓的一場示範表演中，首次接觸到「電」這個尚不為人所熟知的現象。擺脫平常的管理工作之後，富蘭克林立刻在這個領域上取得了進展。在極短的幾年時間裡，富蘭克林提出了正負電流理論、發明了電池，並做出一台簡單的電動馬達。

然而，意義最重大的，是他認為閃電是一種放電現象，這項理論不僅為來自天上的電光提供了清晰的自然解釋，還為它們經常造成的損害找到了一個簡單的解決方法：避雷針。當富蘭克林的理論得到同時間進行的兩組實驗所驗證——其中之一是一組法國研究人員在暴風雨中將避雷針安裝在高塔上，另一場則是富蘭克林著名的放風箏實驗——他一下子舉世聞名。不久之後，部分原因是出於他一夕之間得到的名氣，富蘭克林被選入賓州議會，使他第一次正經地參與了地方政治。[25]接下來的發展眾所周知。

富蘭克林在殖民年代的中年危機之所以值得現代讀者注意，就在於他的總體信念：認為克服職業生活中的小細節所造成的影響，可以為追求更大的目標開闢空間。富蘭克林也許是較早奉行此一理念的人，但絕不是最後一個。例如，蘇格蘭犯罪小說作家伊恩·藍欽（Ian Rankin）如此描述常常令他無法投入寫作的連番瑣事：「電話響了，門鈴響了，有東西要買，或者有緊急的電子郵件需要立刻回覆。」他將這些無法靜下心的日子稱為「踏在油脂中舉步維艱」。藍欽的解決方法——他個人相當於聘用了大衛·霍爾的辦法——是躲進蘇格蘭東北海岸一棟位於黑島（Black Isle）克羅默蒂鎮（Cromarty）的與世隔絕的房子。正如他所闡述的：

> 當我到了北方，我會在房子頂層的房間寫作。如果天氣寒冷，我會點燃燒柴的壁爐。太陽出來的時候，我經常出去散步，然後在傍晚或晚上寫作。當我遇到瓶頸或問題，散步常常會讓我突然閃現靈光。26

作家伊迪絲·華頓（Edith Wharton）也擔心瑣事會干擾她追求大事。華頓住在伯克夏郡（Berkshires）豪華寬敞的山峰莊園（The Mount）的九年間，堅持採取嚴格作息，保護自己的寫作不受頻繁到訪的來客所干擾。從醒來到至少上午十一點，她會起身坐在床上，利用擱在膝蓋上的寫字板書寫。根據一些報導，她會將寫好的紙張丟到地上，隨後由祕書撿起來打字。客人們被告知在午餐時間以前要自娛自樂，因為華頓不希望被打擾。她在一九〇五年的一封信中寫道：「日常家務中最輕微的打擾都會讓我徹底脫序。」27

我樂於蒐集這類對分心展開絢爛抵禦的故事。這些故事令我神往，儘管它們的具體細節往往遙不可及得令人發噱。雇用大衛．霍爾、到蘇格蘭偏遠小島上的房子隱居，或者在床上寫作，將家務事交給旁人打理，這些都不是我們大多數人可以輕易仿效的建議。*然而，我們不該輕忽這些故事背後的底層動機。一旦數量夠多，小任務有可能變成生產力蛀蟲，破壞你正在努力打造的整個根基。值得不遺餘力地馴服它們。

帶著這個目標，我將在接下來的篇幅提出一系列更實用的策略，旨在幫助你掌控職業生活中的微小職責。我以前就曾討論過遏制任務的話題，例如，在我的著作《Deep Work深度工作力》中，我利用名為「排除淺薄事務」的章節探討了這個主題。其中，我建議使用時間方塊來善加安排你的時間（事實證明，富蘭克林原來是最先嘗試這種策略的先驅），以便更清楚地將任務和更深層的工作區分開來。[28]我還建議撰寫更有條理的電子郵件以避免不必要的訊息往返；我在五年後出版的後續書籍《沒有Email的世界》（*A World Without Email*）中，更詳細地闡述了這個目標。以這些著作為中心，我也撰寫了大量文章，並錄製數小時的播客節目，深入探討了這個主題。

---

* 例如，我推薦吉兒・萊波爾（Jill Lepore）於二〇一三年入圍國家圖書獎決選的《時代之書：珍・富蘭克林的生平與觀點》（*Book of Ages: The Life and Opinions of Jane Franklin*），書中對支持班傑明・富蘭克林崛起所需的特定環境和特權進行了發人深省的批判。萊波爾詳述富蘭克林的姊姊珍與她這位著名的弟弟有著相近的頭腦和抱負，卻由於當時對該階層女性的要求（珍養育了十二名子女！），無處施展才華。

我蒐羅於此的策略代表了一時之選，是從我與令人分心的任務清單搏鬥的多年經驗中精選出來的。這些建議的核心都歸於「遏制」的概念，其中一些建議著重於遏制你無法避免的行政開銷稅。很多時候，讓人分心的不是實際執行一件微小職責，而是記住它、操心它、為它騰出時間所必須付出的腦力。如果你可以將這類準備工作降至最少，就能遏制任務本身帶來的影響。其他建議的焦點則集中於防止任務爬上你的清單，藉此遏制任務。這兩種方法的目標都是要限制損害。

慢速生產力要求你掙脫瑣事的束縛，以便更有意義地投入於大事。這是一場混亂的、注重細節的衝突，主要是在老派生產力戰術和制度的戰場上開打。但是，假如你希望像富蘭克林歌頌的那樣，成為自己時間的主人，這場仗非打不可。那麼，就讓我們開始吧……

以自動駕駛模式執行任務

在我二十多歲時，我的寫作重心是為學生提供建議，當時，我經常推薦一種名為「自動駕駛時間表」（autopilot schedule）的規劃策略，其概念是指定特定日子的特定時間去做每週固定要做的課業，有時甚至指定特定地點。也許你總是在星期二和星期四上午十點的課結束後，在附近圖書館同一層樓的同一張桌子閱讀你的英國文學讀物。這項策略之所以能奏效，是因為它破除了許多學生只肯臨時抱佛腳的本性傾向。例如，很少大學生會自動自發地想：「也許我應該提前三天開始做那份習題。」但如果這項任務出現在他當天的自動駕駛時間表上，他就會不假思索地直接去做。「一旦你達到不假思索完成常規工作的地步，」我早期在關於這個主題的一篇文章中寫道，「你就會進入低壓力的理想狀態，可以開始把注意力轉向更重要的事情。」

後來，當我把寫作焦點從學生議題轉移開來，專注在更適用於辦公室的工具上，例如時間方塊和電子郵件規範，自動駕駛時間表便漸漸隱入了背景。不過，最近隨著我自身工作的行政雜務不斷增加，我再次開始嘗試這項策略。事實證明，在知識工作的範疇中，自動駕駛時間表是遏制任務的有效方法。相對於每週設定固定時間來完成學校作業，你可以設定時間來完成特定類別的常規任務，例如，自由工作者可以設定在星期一早上向客户發送請款單，而教授則可以安排在星期五的午餐後審核補助金報告。一旦你習慣在固定日子的固定時間完成特定任務，執行它們所需付出的間接成本就會大幅降低。

為了支援這種以任務為中心的自動駕駛時間表，一個關鍵的細微調整是善加運用儀式和地點。如果你可以將定期重複的任務組塊和一個特定地點連結起來，也許再配上一個可以促使你展開行動的小儀式，你就更有可能進入完成這項工作的固定節奏。回到教授的例子，也許每逢週五，她總是計劃在學生中心的同一個食堂吃午餐，飯後穿過附近的校園綠地（一項儀式），來到同一座小型圖書館的同一間個人閱覽室（地點），坐下來研究她的補助金報告。也許在她完成工作後，她會回到學生中心買杯咖啡帶回她的辦公室（另一項儀式）。儀式和地點的組合，使我們的假想教授更有可能一週又一週確實審閱這些報告，不必多加思考。

我建議盡可能將各種類別的常規任務納入日益詳盡的自動駕駛時間表：何時檢視客户要求、何時審查為你更新網站的約聘員工、何時為會議做準備、何時閱讀電子郵件或更新專案管理網站。遏制任務的目的並不在於逃避瑣事，而是要讓這些事情盡可能不造成痛苦。如同我曾經說過的，找到那個「低壓力的理想狀態」。

同步

二〇二〇年秋天，我在《紐約客》雜誌發表了一篇長文，名為〈搞定法的崛起與沒落〉（The Rise and Fall of Getting Things Done）。文章從梅林・曼恩（Merlin Mann）的故事說起，他是一名網頁設計師兼自由執業的專案經理。二〇〇〇年代初，他覺得自己被工作壓得日益喘不過氣。[29]就在這時候，他發現了大衛・艾倫的（David

Allen）的「搞定」（Getting Things Done，簡稱GTD）法。艾倫整理冗長任務清單的系統化方法，正是曼恩覺得自己所需要的。他開了一個名為「43文件夾」（*43 Folders*）的部落格——援引艾倫所描述的「備忘檔」（tickler file）技巧*——來記錄他對該系統與日俱增的熱情。「相信我，如果你不斷發現生活中的水不知怎麼地總是流到地板上，」曼恩在早期的一篇貼文中寫道，「GTD可能正是讓事情恢復正常所需要的水杯。」

「43文件夾」逐漸成為網路上最紅的生產力部落格之一，促使曼恩辭去專案經理的工作，全職經營這個網站。然而，他的故事之所以有趣，不僅在於他的崛起，還在於他後來的沒落。開設「43文件夾」經過大約三年後，曼恩開始對GTD這類系統的承諾感到幻滅，不再相信它們能改變工作。他寫道，這些風格的生產力技巧最終並沒有讓他感到「能力更強、更穩定、更有活力」。他重新調整「43文件夾」部落格的重心，從純粹討論生產力，轉向製作出更好的創意作品這個模糊目標。然後完全停止發文。

有很多說法可以解釋曼恩為什麼對GTD這類周密的任務管理系統感到幻滅。我想在這裡強調的，也許是其中最根本的原因：它們沒有用。持平地說，它們並非完全無效。將應盡的職責從你的腦海轉移到可信賴的系統（這是GTD的原理）會降低你的焦慮，讓你變得更有條理。例如，我採訪曼恩時，他說他仍然依賴GTD式的概念來管理家務，強調自己不想浪費哪怕一丁點腦力去記得清理貓砂。

但是，GTD這類系統雖然有幫助，卻無法真正解決近幾十年來開始折磨曼恩這類知識工作者的令人焦慮的工作超載問題。我們可以從GTD對獨立任務的著重，看

* 備忘檔是一種流行的類推式規劃策略，因大衛．艾倫而廣為人知，但並非由他發明。其理念是為當月的每一天以及剩餘的每個月各建立一個資料夾。如此一來，你就可以將當月的相關文件歸檔到你需要使用的那一天，或者，如果你以後才會用到，也可以將文件歸檔到合適的月分，以便日後使用。該系統需要三十一個日文件夾和十二個月文件夾，總計四十三個文件夾。

出其中的落差。在艾倫的系統中，職責被簡化為具體的「下一步行動」，再添加到按不同工作「脈絡」分類的龐大清單中。操作者只需參考對應當前脈絡的清單，然後開始逐一搞定清單上列舉的行動。

然而，從一九九〇年代起，開始大量占據曼恩這類知識工作者注意力的許多活動，並非獨立任務的執行，而是與其他人就這些任務所進行的交流。個人電腦的問世，以及隨後不久出現的電郵等電子通訊工具，將辦公室的合作轉變成一場綿綿不絕、雜亂無章的非同步、來來回回傳遞訊息的趕集活動——一位同事要求你處理某件事，你回信請他澄清意思，然後寄信給另一位同事來蒐集所需資訊，但根據她的回答，你發現自己並不充分了解這項任務，於是你又向原始請求者傳了一條新的訊息……，如此往復循環。將這些曠日持久的互動乘上數十個並存的開放迴圈，你很快就會將大部分時間耗費在管理對話，而不是用於執行個別任務。大衛・艾倫精心規劃的清單，無法幫助那些每小時必須回覆數十封電子郵件的專案經理。

不過，從慢速生產力的角度來看，這段原本令人氣餒的描述也蘊藏著好消息。如果你感受到的忙碌大多來自於「談論」任務，而不是實際執行，那麼你的工作負荷也許沒有你想像的那麼重。換句話說，假如你能減少這些對話足跡，剩餘的實際、具體的職責分量可能沒有那麼可怕。

要降低合作的行政開銷，直接的策略就是以實時對話取代非同步溝通。想想我之前提到的例子：一位同事提出的一個模糊請求，引發涉及三方的一長串來回訊息。如果這三個人同處一室或開一場視訊會議，只需短短幾分鐘的討論就可以徹底澄清任務。然而，這些對話的安排需要慎重對待。近年來，「原本一封電子郵件就能取代這次會議」這句話之所以成為牢不可破的職場哏，自然有其道理。如果每項任務都會產生自己專屬的會議，你最終無非是把擠爆的收件匣換成被會議擠爆的行事曆——如此的命運可說同樣悲慘。

你可以運用「開放辦公室時間」得到適當的平衡：安排固定時段進行快速討論，

用以解決許多不同的問題。每天下午同一時間騰出三十至六十分鐘，並廣泛地告知同事和客戶。明確表示你在這段時間內隨時有空——敞開大門、啟動Zoom、留意Slack頻道、電話處於開機狀態——可以討論任何相關的問題或請求。如果有人傳給你一條模稜兩可的訊息，與其任由它激起另一長串來來回回的文書，不如回覆：「樂意效勞！請在我即將到來的某段開放時間來找我，一起釐清細節問題。」

這種方法也可以略為調整，以一種相關的策略形式用於團隊，我稱之為「事務決斷會議」（docket-clearing meetings）。[30]和開放時間一樣，這些會議也在每週同一天的同一時間舉行。但和開放時間不同的是，這些會議是整個團隊一起參加。在這些會議上，你的團隊針對任何需要合作或澄清的未決事項進行討論。團隊逐一討論各項任務，釐清每項任務需要完成的具體內容、誰負責進行，以及他們需要從其他人身上獲取什麼資訊。組織這些會議的一個簡單方法，是為需要討論的任務保存一份共享文件。每次會議之間，團隊成員可以隨時將想到的專案加入清單中。一次三十分鐘的事務決斷會議，就能使團隊免於浪費好幾個小時分心去查看收件匣，也不必來回發送電子郵件。

這兩種簡單的同步法所帶來的輕鬆感，再怎麼強調都不為過。當你將工作與圍繞在工作周圍的臨時性對話區分開來，剩下的東西可能沒那麼嚇人。梅林．曼恩發現，就連高技術性的任務管理系統，都無法消除日益困擾二十一世紀上班族的工作超載感。解決對策並不是更聰明的任務系統，而是要回歸到一個更簡單、更人性化的方法：定期對話。

要求他人付出更多力氣

二〇二二年初，我在《紐約客》發表了另一篇以生產力為主題的文章。文中，我針對大多數知識工作環境在任務的確定與分配上缺乏規則或系統的情況，提出批判。我們直接打開電子信箱，發出會議邀請，然後鼓起幹勁展開行動。每個人都急匆匆地向其他所有人發送新的請求和問題。

寫這篇文章的時候，我擔心人們已經對這種臨時分派任務的文化習以為常，以致很難接受有可能存在另一種方法，所以我決定在文章中塞進一個刻意誇大其辭的離奇建議。我的目的是引發讀者不滿，讓他們對這項建議嗤之以鼻——「這絕對行不通」——但是話說回來，在他們說服自己認為我的建議荒謬可笑的過程中，也許會開始對現狀產生質疑。

我是這麼寫的：

> 想像一下，你團隊中的每個人每天都會留下一小時來完成各種雜務並回答簡單問題。進一步想像一下，他們每個人都發布了一份共享文件，文件中包含一張時段登記表，不過表上的空檔有限。好比說，假如你希望團隊中的某個人留下時間去拜訪客戶，你必須找到他的空檔，在檔期上記錄這項請求。接著，

他會在當天的行政工作時段看到這項請求並給予答覆——免除在堆積如山且雜亂無序的緊急事件中管理所有職責的負擔。31

這項思想實驗之所以令人痛快，部分原因在於它降低了指派任務固有的、令人痛苦的不對稱性。同事不能再毫不費力地像投擲手榴彈一樣向你扔出請求，留下你收拾被他們的榴霰彈炸得粉碎的生產力殘局，相反地，他們如今在強占你的注意力之前，自己必須先付出更多力氣。

一般而言，要求人們付出更多力氣的策略，可以有效地遏制任務。例如我在《紐約客》提出的另一個更容易被讀者接受的建議，我稱之為「反向任務清單」（reverse task list）。做法如下：為你需要在工作上應付的每一個重大任務類別，建立一個公開的任務清單；你可以使用共享文件來達到這個目的。（如果你覺得自己的技術更先進，使用共享的Trello看板可能會更好。）當有人要求你承擔某項小型任務，便引導他們自己將這項工作加到相關的共享任務清單上，例如將它寫進共享文件，或者為它在共享的 Trello 看板上創建一張新的卡片。最重要的是，明確表示他們輸入的內容必須包含完成任務所需的所有資訊。

反向任務清單要求人們花更多時間，確切指出他們需要你為他們做什麼，這會使後續的執行變得比較簡單。你還可以運用這些公開的清單，讓人們隨時得知你正在處理的任務現況，免得他們不斷發送「進展如何？」的訊息來煩你。最後，這些清單明確傳達了你目前的工作量。如果同事看到你的反向任務清單塞得太滿，在派發新任務給你之前，他們可能會多想一想。

與此相關的另一個策略是訂定流程，要求你的同事或客户為需要完成的特定任務出更多力氣。想像你是一名辦公室經理，負責支援一家顧問公司的團隊。你可能面臨的一件日常事務，是核准團隊成員的差旅費報銷單。完成這項任務的預設程序，可能是請他們將需要核准的表單透過電子郵件發給你，由你列印、簽名、掃描，然後提交給薪資單位處理。

另一種方法是頒布一個客製化流程，要求你的團隊在把你牽扯進來之前（稍微）多出一點力氣。例如，你可以在辦公室門口安裝兩個郵件分類箱：一個信箱放置新的表格，另一個放置已簽署的表格。需要你在報銷單上簽字的團隊成員必須印出申請表，放入你辦公室外的第一個信箱。每週四上午，你會審核第一個信箱裡的表單，在上面簽字，然後把它們移到第二個信箱。現在，責任落到相關人士身上，他們必須回到你的辦公室，領取他們的已簽署表格，掃描後提交，並將副本抄送給你以留存紀錄。從報銷申請人的角度來看，這個流程給他們的生活增加了一點點額外工作，但不足以令他們注意到或真正在意，因為每個人只是偶爾提出這些請求。真要說的話，他們也許會感謝有這樣一項明確的政策。然而，作為辦公室經理，你則大幅減少了每個月處理數十份此類申請所需耗費的力氣。

一開始，這些使任務分配的負擔更對稱的策略，也許會顯得有些自私自利，你甚至可能擔心別人會被你的無禮所冒犯。但實際上，如果你措辭委婉並充分地自我解嘲，你就可以推出這些制度而不引起太多反感。事實上，你的同事最終可能會欣賞這些新增的結構，因為這清楚說明了他們要求的工作將如何或於何時真正完成。

一般而言，人們往往過度專注在自己的問題上，不會關心你如何解決你的問題。還記得我在《紐約客》文章中提出的那個刻意挑釁的建議嗎？那個旨在引起讀者搖頭質疑的建議？沒有一個人來信說我越過底線了。它也許沒有我設想的那麼激進。

避開任務發動機

將重心放在遏制已經累積起來的任務，是一件很自然的事。然而，一個同樣有效的遏制策略，是在任務產生之前，控制工作流的上游。例如，在減輕你的任務負擔上，以下這個策略可能出奇有效：在選擇新專案時，根據你預計專案每週會產生的請求、問題或瑣事的數量來評估你的選項。優先考慮數量最少的方案。大多數人會專注於專案的難度，或可能需要的總時數，然而，一旦你了解過度擁擠的待辦事項清單會造成多大的破壞，就會明白應該同樣認真地對待專案的任務足跡。

為了更具體說明，想像一下，一位銷售總監試著在兩項專案中做出抉擇：撰寫一份關於新技術將如何影響市場的詳細報告，或是組織為期一天的客户會議。乍看之下，組織會議似乎是個誘人的選項。首先，它有明確的舉辦日期，過完這一天就結束了，而報告可能需要好幾週的時間才能完成。另外，組織會議也比較簡單，因為不需要費神苦思，而撰寫報告則需要掌握複雜的資訊，並做出有把握的預測。

然而，在這個情境中，我肯定選擇撰寫報告，理由很簡單：它產生的任務量會少很多。組織會議需要跟各個客户沒完沒了地溝通協調，還需要安排場地租賃、邀請專家演講，更別提準備餐飲、回答後勤問題等諸多麻煩事務。到了最後一刻還要解決各種問題，進行無數次的來回交流，每項職責都需占用你的一部分腦力。換句話說，客户會議是一部**任務發動機**，也就是大量緊急小事的高效生成器。

另一方面，撰寫市場報告代表著另一種類型的精力投資，需要你定期投入很長的時間塊來蒐集資料、處理數據、思索其中的意義。這會非常耗神，有時甚至可能單調沉悶。但是，它很少會產生緊急小事，因此除了你已經為它留下的工作時間之外，不太需要對它投注心力。撰寫報告也許並不容易，但你應該選擇它，而不是選擇混亂的活動規劃專案所代表的任務發動機。

不吝花錢

上一節中，在探討限制重大工作承諾時，我介紹了我的朋友珍妮·布萊克，她將公司的收入來源從十多個縮減到少數幾個。珍妮引起我注意的另一件事情是，她顯然對自己訂閱的專業軟體感到自豪。正如她在《閒暇時間》中所寫的，她重新調整業務、朝慢速生產力的模式發展時，其中一個步驟就是花錢讓有用的軟體服務「走向專業化」，而不是像她所說的，「從免費版本中榨取我能得到的一切。」[32]

珍妮發給我一張試算表，列出她為公司持續訂閱的所有軟體，以及每月的費用。她在這些工具上「走向專業化」的決心，並不是隨便說說而已。這張表涵蓋了五十多項付費服務，從Calendly到DocuSign，再到專業版的Zoom，每月的訂閱費用總計約兩千四百美元。不過，花這筆錢是有道理的：這些專業軟體服務消除或簡化了行政事務。換句話說，珍妮投入大量資金，大幅縮減了任務清單的規模。

從慢速生產力的脈絡來看，這類投資大有道理。你越能遏制那些吸引你注意力的小職責，就越能持續且有效地處理重要的事情。當然，除了軟體服務之外，還有其他許多選項可以讓你以金錢換取精簡的任務清單。我知道很多創業家聘用和訓練「營運經理」來承擔更多日常業務細節，藉此重新取得了大量時間。舉例來說，在經營播客上，如果我沒有聘請製作人在錄製當天到我的工作室打理發布每週節目的所有細節，我的播客就無法合理地排進我的日程。我自己其實可以完成這一切工作；事實上，節目剛開播的時候，我就是這麼做的。但我從經驗中學到，這種做法會產生很多惱人的細節，假如我必須一直自己打理，我可能會被煩到索性放棄這個節目。

雇用專業的服務供應商，是遏制任務清單的另一項有效投資。回到我自己的例子，我付費請會計師管理我的帳目、付費給專業廣告公司處理播客節目的所有廣告相關事務、付費給網路顧問讓我的所有線上資產保持正常運作、付費請律師來回答我在經營寫作相關業務的正常過程中出現的許多小問題。我認識的每一位成功企業家都奉行類似的信念，那就是付錢聘請知道自己在做什麼的人，這樣他們就不必獨力完成所有工作，而且完成的品質還比較低。

短期來看，這些事情都需要花錢。如果你的公司才剛起步，或者你的收入還不高，那麼看到收入中不算小的一部分從左口袋進、右口袋出，可能會令你感到不安。但從長遠來看，卸下小事的做法能提供必要的心智空間，有助我們取得重大突破，並創造巨大價值，使這些每月開支一下子顯得微不足道。不要花你無法承擔的費用，但要記得，慢速生產力的實踐者也無法承擔什麼錢都不花。

插曲：不堪重負的父母又是什麼情況？

布麗姬·舒爾特（Brigid Schulte）是一名記者，也是兩名子女的母親。她早在二〇一四年出版的著作《不堪重負》（*Overwhelmed: How to Work, Love, and Play When No One Has the Time*）中，就總結了作為職場母親的經驗：

> 我曾經烤情人節的杯子蛋糕烤到凌晨兩點，然後在萬籟俱寂、我終於有不間斷的時間可以全神貫注時，於凌晨四點寫完我的報導。我曾坐在孩子牙醫診所外面的走廊地板上，進行我希望聽起來很專業的採訪；有些電器老是故障；我的待辦事項永遠沒完沒了；我想做家庭預算想了快二十年了，但是到現在都還沒做；洗好的衣服始終沒摺，堆積如山，我女兒鑽進去拿了件衣服，出門游泳去了。[33]

慢速生產力的第一條原則提供了看似專業層面上的建議。弔詭的是，從長遠來看，少做一些事情反而能創造**更大的**價值，因為工作超載會產生高到難以維持的非生產性開銷。但是，對於布麗姬．舒爾特這樣的職場父母來說，「少做一些事情」的呼籲也在更切身的層面上產生了共鳴。知識產業的偽生產力有一個藏得更深的副作用，它迫使個人完全靠一己之力處理工作與生活之間的緊張關係。如果你是在工廠幹勞力活，而雇主希望你每天工作十二小時，這項要求會在勞動合約中明確規定，以一種可以被指出和爭論的形式白紙黑字寫下來。你的工會可以反擊，也可以提出具體的反提案。如果有必要，甚至可以通過立法，例如，一九三八年通過的《公平勞動標準法》就要求每週四十小時以外的工作必須付加班費。

相較之下，在偽生產力的國度裡，這樣的要求會更含蓄，並且會自我強化。人們對你的評判，是根據你在源源不絕的任務中顯而易見地完成了多少工作量，但沒有人會具體告訴你做多少才算足夠──你自己看著辦，**祝你好運！**這項現實要求父母──

尤其是往往比另一半承擔更多家務責任的媽媽——日復一日在工作與家庭之間的鬥爭中重新協商。這是一個要做出上千次割裂決定和讓步的過程，每一次似乎都會讓某個人感到失望，直到你發現自己凌晨四點還在堆積如山、搖搖欲墜的衣物旁寫文章。在《不堪重負》中，有一則特別令人心碎（也熟悉得令人痛苦）的軼事，舒爾特的女兒抱怨媽媽花太多時間在電腦上。她告訴舒爾特，她長大後想當老師，並解釋說：「因為那樣至少我可以花時間陪我的孩子。」34

當然，並非只有父母在偽生產力造成的工作與生活的緊張關係中煎熬。如果你正掙扎著照顧生病的親人、正在對付自己的疾病，或正在努力應對其他將生活攪得一團亂的諸多大事，那麼透過可見活動來證明自身價值的要求，也會在你的內心造成類似的混亂。關於這些動態，一個特別廣為人知的例子出自新冠疫情。疫情對蓬勃興起的反生產力運動產生了強大的促進作用，一部分是因為偽生產力的邏輯要求知識工作者繼續跳著瘋狂的電子忙碌之舞，即便羅馬似乎就在他們周圍付之一炬。我們需要的是調適與憂傷的時間和空間，然而得到的卻是升級版的Zoom帳戶，以及透過歡快語氣勸諫「保持生產力」的電子郵件訓詞。真叫人抓狂。

這一章詳細介紹了幫助你減少工作量的具體建議，這些滿載著具體策略和建議的主張，增強了導致我們開始探討此一原則的經濟實用性。少做確實可以帶來更多。不過，我認為有必要暫時跳脫原本的理性討論，轉而認識此一觀點更混亂、也更人性化的一面。對許多人而言，少做事帶來的救贖遠遠超出了專業範疇。它也為人們找到一條出路，擺脫與工作之間難以承受的心理關係。工作超載不僅會導致效率低下，而且對許多人而言，超載的狀態簡直太不人道。

這個現實應該能激勵處於這種狀態的人積極採納本章討論的策略。避免會產生過多任務的專案，或者花錢將煩雜的工作外包出去，這些都不是你但願雇主或客戶不會注意到的某種狡猾伎倆。如果你的工作和偽生產力時代的其他許多工作一樣，交由你自己來管理工作量，那麼你完全有權利帶著意圖和決心迎接這項挑戰。慢速生產力的第一條原則不僅是一種更有效的工作安排方式，也為那些感覺工作正在侵蝕生活其他所有屬性的人，提供了對應之道。

主張：用「拉」取代「推」

我在麻省理工學院攻讀博士學位的頭幾年，每天早晨從肯德爾地鐵站步行到我的研究室時，都會經過一個建築工地，一棟線條俐落的玻璃大樓正在那裡緩緩立起。這是博德研究所（Broad Institute）的新家，該研究所由麻省理工學院和哈佛大學合作創立，最近大張旗鼓地啟動，因為慈善家伊萊和伊蒂絲．博德（Eli and Edythe Broad）夫婦捐贈了一億美元的創始資金。我隱約知道該研究所投入新興的基因體領域，正在進行最尖端的研究。我也知道這被視為一件了不起的大事。然而，我一直到後來才發現，在這些光亮的玻璃後面，許多在博德研究所工作的人都在掙扎著跟上任務的腳步。

根據《麻省理工學院史隆管理評論》（*MIT Sloan Management Review*）一篇名為〈打破知識工作僵局〉（Breaking Logjams in Knowledge Work）的個案研究，問題是從基因定序的流程開始產生的。[35]博德研究所提供的一項主要服務，是處理世界各地的科學家送來的樣本。這些樣本會經過一系列階段，就像流水線上的工作站一樣，一步步準備好送進博德的大型定序機進行分析。這種種化學刺激與促發的結果，就是樣本的底層遺傳密碼的列印圖。

正如文章作者所詳述的，這條流水線過沒多久就開始出現問題。流程中每個階段的技術人員都採取一種自然而然的「推式」策略，盡全力以最快速度處理收到的樣品，完成之後立刻將它們推到下一階段。然而，並非每個階段都花同樣多的時間來完成工作。速度較慢的階段很快就積壓了大量樣本有待處理，這便產生了問題。「（積壓的工作）越堆越多，遠遠超過最理想的水準，」作者解釋說，「當有人需要某個特定樣本，可能得花兩天時間才能找到。管理隨之而來的壅塞和混亂，占用了領導團隊越來越多的時間。」從樣本抵達到回覆其序列，平均時間上升到一百二十天。深感挫折的科學家們，開始將他們的樣本送往其他實驗室。

博德研究所想出的解決方案並不新穎，而是將工業製造世界常見的一項技巧加以改良：把基因定序流程的流動從「推式」改為「拉式」。在「推式」流程中，每個階段一旦完成就立即將工作推向下一階段。相較之下，在「拉式」流程中，每個階段只在做好準備時，才會**拉進**新的工作。在博德研究所，這種拉式做法是以一種簡單的方式實施。每個階段都有一個置物盤放置已完成的樣本，下一階段的人從同一個置物盤領取新樣本。如果某個階段的外發置物盤開始積壓，那麼盛裝這個置物盤的技術人員就會放慢工作速度。有時候，他們甚至會為下一階段提供協助，幫助他們趕上進度。

轉而採取拉式作業之後，積壓工作的狀況就不可能出現了：流程的步調會隨著運作最慢的階段而調整。如此的透明性進而幫助工作者找出系統失衡的地方。「一個永遠爆滿的拉式置物箱意味著，要麼是下游的任務處理太慢，要麼是上游的任務推進太快，」作者寫道，「一天結束時，清空的拉式置物箱意味著為它提供補給的作業出了問題。」這種做法帶來的改進是可以量化的。研究所裡昂貴的定序機器的使用率提高了超過一倍，同時，每份樣本的平均處理時間縮減了百分之八十五以上。

在博德研究所，解決基因定序流程工作超載的辦法，是將作業模式從推式改為拉式。同樣的解決辦法，能否用於被過多電子郵件和專案請求壓得深感挫敗的知識工作者身上呢？有趣的是，同一篇《史隆管理評論》文章的作者也對這個自然而然產生的後續問題提出了深刻見解。事實證明，在目睹了基因定序流程的轉變後，博德研究所的技術開發小組——一個由ＩＴ專業人士組成、負責開發新穎數位工具來幫助科學家的團隊——決定，他們也要試一試拉式工作流程。

與從事定序工作的人員一樣，技術開發小組也受到工作積壓所苦。作者解釋說：「該小組考慮中的技術開發構想，遠超過他們可以全面研發的數量，正在開展的專案，也遠超過工作超載的作業團隊可以實行的數量。」任何工程師在任何時候都可以推出新的構想納入研究範圍，而且由於工程師都很聰明，他們提出了很多構想。系統很快就被自己過大的野心拖垮。如果某個專案被認為特別重大，便會「加急處理」，導致團隊「放下手頭一切事情去撲滅新的大火」。個別工程師發現自己瘋狂地在多到超出自己所能應付的專案之間奔走，新的優先事項不斷出現，索求其注意力的事項也變來變去，難以預測。

為了解決這些問題，該小組決定改變分派工作的程序。正如全新改良的定序流程，他們也希望從一個可以隨意將新任務推給他們的制度，過渡到只有在他們準備好時才會拉進新工作的制度。為了達成這個目標，他們在空白牆面上畫了一張圖表，設計流程的每個步驟都以一個方框代表，從最初的發想開始，一直到構想的測試和施行。具體專案以便利貼示意，貼在該專案當前對應的流程階段方框內。每張便利貼都寫著目前正在處理這項專案的工程師名字，清楚表明每個人正在進行的工作。

整個小組每週都會開會討論牆上每張便利貼的現況。如果某項專案已準備好進入下個階段，團隊負責人就需要找出有足夠餘力的工程師來承擔工作。便利貼上會加入他們的名字，然後移到下一個方框。同樣地，舉步維艱的專案也很容易被察覺，因為那張便利貼會停止前進。這時，可以加入有餘力的工程師，或者乾脆決定停掉專案。這個制度的關鍵在於避免將無限制的工作量推給任何人。工程師只有在擁有足夠餘力的情況下，才能拉進新的工作，而他們是否行有餘力，可以輕易透過他們的名字出現在牆上的頻率來判斷。工作超載的狀況變得不可能發生。不出所料，改採這種更為結構化的拉式策略後，技術開發小組開展的專案總數減少了將近五成，專案的完成率卻顯著提高。

一部分由於受這篇文章啟發，近年來，我開始相信在知識工作環境中，拉式工作流程是避免工作超載的有力工具。如果你有能力改變公司或團隊安排工作的方式，那麼，改採類似博德研究所技術開發小組使用的拉式策略，能夠帶來可觀的回報。你的組織不僅能以更快的速度完成專案，團隊成員也會從「事情多到做不完」的苦難中解脫出來，享受這份新得到的自由。

然而，當我們將焦點轉向那些無法直接控制工作分派方式的個人，情況就變得比較棘手。也許你受雇於一家仍然將提高生產力奉為圭臬的公司，或者你是個人創業者，面對的是沒興趣學習複雜新系統的客户。對於被困在這種情境的許多人來說，毫無章法的推式工作流程也許看似無可避免，但其實不必如此。就算你無法完全控制工作環境，也有可能獲取更高明的拉式做法的一大部分優勢。關鍵是以共事者甚至察覺不到你在嘗試新事務的方式，**模擬**拉式的工作分派制度。

以下是實施模擬拉式系統的三連環策略，供無法控制同事或客户習慣的個人使用。當然，這種個人化系統比不上所有人一起放棄推式做法來得有效，但仍然比你雙手一攤、任由工作從四面八方湧來，而你在「樣本置物盤」滿出來時沮喪嘆氣、不作為要好得多。

模擬拉式系統第一環：暫存槽和現役清單

模擬拉式工作流程的第一步，是列表追蹤你當前致力進行的所有專案，清單分為兩部分：「暫存」和「現役」。（用什麼格式儲存這張清單並不重要，例如，你可以使用電腦的文字檔，或寫在老式的筆記本上，隨你方便。）記住，當我說「專案」，指的是那些足夠分量、需要分段多次進行才能完成的工作。（至於如何遏制我們稱為「任務」的小型職責，我們已經在前面的主張中討論過相關策略。）當別人推給你一個新的專案，就將它放在清單的「暫存」欄。暫存槽的大小沒有限制。

相反地，清單上的現役欄就應該限制在最多三項。安排時間的時候，你應該將注意力集中在現役清單的專案上。當你完成其中一項專案，就可以將它移出清單。這會打開一個空檔，你可以從暫存槽中**拉進**一項新專案來填補。對於規模較大的項目，你可能希望將完成專案所需的一大塊工作拉進你的現役清單。例如，如果你的暫存槽中有「寫書」這個專案，而現役清單上出現了一個空檔，那麼你可以把「撰寫下一章」拉進來，作為接下來的工作重點。在這種情況下，「寫書」這個較大的專案會繼續留在暫存槽中，直到寫完整本書。

藉由維持這兩份清單，你模擬了拉式工作流程的核心動態。你正在積極進行的事務數量被限制在一個固定的小數目上，這讓你擺脫工作瘋狂超載的感覺，並將本章稍早討論的行政開銷稅降到最低。當然，問題是，那些把專案推給你的同事或客户對你別出心裁的模擬系統一無所知，可能會因為他們要求你做的事情明顯缺乏進展而感到沮喪。為了避免綿綿不絕的催促轟炸，你需要將你的清單和一個聰明的吸納程序結合起來。這就是我們接下來要討論的步驟。

模擬拉式系統第二環：吸納程序

在你將新專案納入暫存槽時，有必要及時知會這項新任務的發起人，讓他們知道自己應該作何期待。為此，請發送一則「確認通知」，正式確認你承諾完成專案，但同時包含以下三條額外資訊：（一）在你可以著手進行專案之前，你需要專案發起人提供的其他詳細資訊；（二）目前已列在你的清單上的專案數量；以及（三）你預計完成這項新工作的時間。

送出這條訊息後，在專案上標示你在確認通知中列出的預計完成時間，以免日後忘記。請注意，在估算時間時，你可以參考所有現行項目的預估時間，幫助你做出切合實際情況的預測。

以下是確認通知的範例：

哈西妮，你好：

我想接續我們今天上午稍早的談話，確認我將負責更新公司網站的客户版面。著手之前，我需要你提供一份清單，列出你認爲這個新版面需要的元素（或者你認爲做得好的其他公司網站的連結）。目前，我手上有另外十一個專案排在這項工作前面。根據我對這些現行專案的承諾，我的最佳猜測是，在從你那裡獲得所需資訊後，我大約能在四星期內完成這項工作。當然，如果情況有變化，我會及時通知。

卡爾敬上

如果專案進度落後，請更新你的預估時間，並向最初發工作給你的人告知延誤狀況。此處的關鍵是公開透明。清楚說明實際情況，並兌現你的承諾，即便承諾的內容不得不有所改變。千萬不要忽略任何專案，然後但願它會被人遺忘。倘若你的同事和客户不信任你的交付能力，他們會不停來煩你。如果你想成功使用這套方法，那麼這句經驗談就很重要。我們常常認為我們的共事者只關心盡快取得成果，但事實並非如此。很多時候，他們真正想要的是能夠將事情交付出去，而不必擔心對方會不會完成工作。假如他們信任你，便會給你空間，讓你按照自己的方式完成工作。換句話說，放心比方便更重要。

好的吸納程序還有第二個好處，那就是經常會引導人們撤回自己的請求。例如，上司常常會一時心血來潮，隨意向員工丟出一個點子。然而，當這個要求被正式確認之後，上司發現他需要向你提供更多資訊，並且必須直視你當前的工作量，他也許會乾脆回答：「轉念一想，讓我們暫時把這件事情放一放吧。」有時候，一點小摩擦就能減緩工作大量湧入的速度。

模擬拉式系統第三環：清理清單

你應該每星期更新和清理一次你的清單。除了拉進新工作來填補現役清單上的空檔，你也應該檢視即將到來的截止期限。優先處理即將到期的工作，並針對你知道自己無法在承諾時間內完成的工作發送更新通知。這些清理行動也提供了一個很好的機會，讓你可以將停滯不前的專案從暫存槽中移除。例如，假設你一次又一次延後同一項專案，這可能是一個明確的信號，說明你不具備處理這件事情的能力，或者它超出了你的舒適區。

在這些情況下，不妨直截了當地要求專案發起人免除你的職責：

我知道我說過會負責處理公司網站的新客戶版面，但我發現自己——你無疑也注意到了——一再延遲這項工作。我認為這是個跡象，說明我對我們在此要完成的工作所知不足，以致舉步不前。除非你反對，否則我想暫時將這項工作從我的清單上刪除。我想，我們可能需要網路開發團隊的幫助，才能在這個目標上取得眞正的進展。

最後，在清理清單時，請留意那些已經變得多餘或者因後續發展而失效的專案。例如，在老闆決定聘請一家公司從頭開始重新設計整個企業網站後，你原本應該更新的客户網頁也許不再重要。在這種情況下，請將過時的專案從清單上移除。不過，在這麼做之前，請先發一封短信知會專案發起人。唯有維持透明，模擬的拉式工作流程才能奏效。

Chapter

4

以自然的步調工作

慢速生產力的第二條原則

靈光驀然閃現。那是二〇二一年夏天，我在緬因州度假，坐在我們在約克港租的度假小屋外。我正在讀約翰・葛瑞賓（John Gribbin）於二〇〇二年出版的歷史巨著《科學家》（*The Scientists*），書中介紹開創當代科學事業的偉大理論家和實驗家的生平概略。閱讀過程中，讓我有如醍醐灌頂的是兩個似乎同時成立的矛盾觀點。就任何合理的定義來看，這些過往時代的偉大科學家顯然都「頗富生產力」。當某個人名符其實地改變了我們對宇宙的認識，你還能怎麼說？然而在此同時，按照現代標準，他們為重大發現而努力工作的**節奏**似乎並不平均，有時甚至可說悠閒。

舉例來說，哥白尼關於行星運行的革命性觀點，是受托勒密在一四九六年發表的新評論所啟發。這位年輕天文學家讀到這篇評論時，年僅二十三歲。然而，直到一五一〇年，哥白尼才抽出時間將他的理論寫成工作草稿，在朋友間傳閱。又過了三十年，他才終於為更廣大的讀者出版了他的傑作——《天體運行論》（*On the Revolutions of the Celestial Spheres*）。[1] 第谷·布拉赫（Tycho Brahe）仔細蒐集的天文資料，為人們最終接受哥白尼的理論奠定了基礎。他的工作步調也沒有快多少，他在一五七七年對明亮彗星劃過歐洲夜空的經典觀測，直到一五八八年才完成充分的分析與發表。[2]

物理學的出現也同樣慢條斯理。一五八四年或一五八五年，伽利略用他的脈搏為比薩大教堂的搖擺吊燈計時；但直到一六〇二年，他才著手進行後續實驗，確定了鐘擺運動定律。[3] 一六五五年夏天，牛頓為了逃離劍橋瘟疫而躲到寧靜的林肯郡鄉村後，開始認真思考萬有引力。不過，直到一六七〇年，他才覺得自己真正掌握了平方反比定律，然後又過了十五年左右，他才終於發表他那顛覆傳統的劃時代理論。*

* 正如約翰·葛瑞賓所指出的，牛頓晚年對外宣傳蘋果從樹上掉下來的故事，藉此將他發現萬有引力平方反比定律的源頭，追溯到一六五五年初次造訪林肯郡。這是行銷手法。他在那段期間的文章清楚表明，這些想法是從一六五五年開始，在多年的時間裡慢慢形成的。詳情請見約翰·葛瑞賓的《科學家》（紐約：蘭登書屋平裝版，二〇〇四年），第一八五至一八六頁。

這種不慌不忙的步調並不限於文藝復興時期人士。如果我們將時間調到一八九六年夏天，就會看見瑪麗・居禮（Marie Curie）埋首進行一系列實驗，研究一種叫做瀝青鈾礦的物質的「放射性」（radioactivity）——這是她最近發明的新術語。居禮夫人相信，瀝青鈾礦中含有科學界尚未識別的一種新的、活性極強的元素。這是件了不起的大事。將這種類型的新元素抽離出來並加以描述，將是一個決定事業成敗、值得獲得諾貝爾獎的發現。就在此時，在爆發潛能的邊緣，瑪麗與丈夫皮耶（Pierre）和剛出生的女兒決定離開他們在巴黎的簡陋公寓，退隱到法國鄉下度長假，在那裡，照他們女兒伊芙（Eve）撰寫的傳記所說，「他們爬山、遊覽石窟、在河裡沐浴。」[4]

那年夏天，還在緬因州的時候，我寫了一篇短文描述這些觀點，標題為「論步調與生產力」。我在文章中陳述，當論及我們對生產力的理解，**時間尺度很重要**。[5]如果以幾天或幾週的快速尺度來看，哥白尼和牛頓等歷史思想家的成果會顯得參差不齊且遲滯不前。相反地，若是從以年為單位的緩慢尺度來看，他們的成果就會突然顯得極其豐碩，無可爭辯。七年後，居禮夫人站上斯德哥爾摩的舞台領取她的兩項諾貝爾獎中的第一項時，一八九六年的鄉間假期早已被她拋出了腦海。

自從最初在緬因州領悟這個道理以來，我詳細闡述了我的理論，說明步調如何影響我們對專業努力的體驗。在當代工作中，我們顯然傾向以快速尺度來評估我們的努力，這並不令人意外。正如我在本書第一部分所論述的，當知識工作成為二十世紀的重大經濟領域，我們仍採用匆忙的工業化生產力概念，以回應種種新事物帶來的衝擊。然而，如同約翰・葛瑞賓提醒我們的，這並不是思考工作步調的唯一方法。

舊時代的偉大科學家會認為我們的緊迫感適得其反且精神錯亂。他們在意的是自己一生的成果，而不是任何特定短暫時期的作為。沒有主管在旁邊監督，也沒有客戶纏著他們回覆電子郵件，他們沒有讓自己每天忙到不可開交的壓力。相反地，他們心安理得地在工作項目上花更長的時間，並採取更寬容、更多變的工作節奏。居禮夫人決定退隱一整個夏天來反思和充電，這並不是一種特立獨行的做法。伽利略也喜歡造訪他朋友在帕多瓦（Padua）附近鄉間的別墅。一到那裡，他會在山間漫步，並且開心地睡在一個有巧妙空調系統的房間，享受附近洞穴系統透過一連串輸送管送來的涼風。*當然，還有牛頓，他也經常在林肯郡逗留，那裡是那棵著名蘋果樹的故鄉。

最重要的是，這些科學家傾向以哲學而非工具性的角度看待他們的專業努力。哥白尼時代以來的任何一位嚴肅思想家都通曉《尼科馬哥倫理學》（*Nicomachean Ethics*），在這本書中，亞里斯多德認為沉思是所有行動中最人性化、最有價值的一個。按照這個邏輯，科學家的一般生活方式本身就有其價值，與當下的任何具體成就都沒有關係。緊趕慢趕並不會帶來什麼價值，因為工作本身就是回報。這種心態支撐了關於專業努力的文藝復興式理解，與其他眾多元素結合起來，共同創造出一種豐富多彩的生命存在。「在這一切之外，伽利略還有充實的私人生活，」葛瑞賓寫道，「他研究文學和詩歌，經常上劇院，並持續以高超水準彈奏魯特琴。」[6]

慢速生產力的第二條原則認為這些著名科學家的做法直指某種真理。我們時時刻刻、日復一日、月復一月毫不懈怠地刻苦工作，這種令人筋疲力盡的習性比我們意識到的更不合情理。的確，老闆或客户都會對我們提出要求，但我們的日常排程細節並非完全由這些要求所支配——我們自身的焦慮往往扮演了最嚴厲的監督人角色。我們忍受著過於緊張的時間表和管理不善的工作量，因為戰戰兢兢的忙碌會帶來令人麻木的疲憊，而跳脫出這樣的麻木疲憊會讓人從根本上感到不安。

這些科學家顯示出安排工作的另一種方法：給予重要工作更多喘息空間，允許它

* 這套空調系統一點也不完美。正如葛瑞賓指出的，在一個不幸的夜晚，洞穴系統透過輸送管送來的有毒氣體，導致伽利略和房間裡的兩名同伴染上重病，其中一人死亡，伽利略的餘生也因此飽受折磨。葛瑞賓，《科學家》，第八十頁。

們花費更長的時間，並隨著時間的推移，以不同的強度展開。這種方法不僅更持久，也更人性化，而且就產生重要成果而言，可說是一種更好的長期策略。和二十一世紀的一般知識工作者相比，伽利略在十六世紀的職業生活比較悠閒，也沒那麼緊張。然而，他仍然成功改變了人類思想史的進程。

我們可以將這些觀點濃縮成以下實際原則：

原則2：以自然的步調工作

不要倉促完成最重要的工作。相反地，讓它在有助於創造輝煌的環境，沿著可持久的時間軸以各種不同的強度展開。

在接下來的部分，我首先將詳細闡述我的論點，說明為什麼應該以更平靜的速度工作。事實證明，這些科學家不約而同採取同樣的、更深思熟慮的方法來工作是有道理的，那比典型的現代上班日千篇一律的忙碌要自然得多。然後，我會提出一系列主張，說明如何在自己的職業生活中具體實施第二條原則。在這裡，我們將深入探討巧妙的時間線推斷法和模擬的淡季。然而，比這些具體建議更重要的，是本章所要傳達的更廣泛訊息：慢速生產力鄭重拒絕不間斷的緊迫感所帶來的表演性獎勵。總會有更多事情要做。你應該給自己的心力留下必要的喘息空間與尊重，讓它們成為美好生活的一部分，而不是阻礙美好生活的絆腳石。

從狩獵採集到看不見的工廠：
知識工作者為什麼應該回歸更自然的步調

一九六三年秋天，勇於冒險犯難的年輕人類學家理查德．李（Richard Lee）來到非洲南部喀拉哈里沙漠西北部的多貝（Dobe）地區。在那裡，他到一個名為「朱—霍安西」（Ju/'hoansi）的部落生活，這個部落大約由四百六十人組成，分為十四個獨立營地。這部分的喀拉哈里沙漠屬於半乾旱區，每兩、三年就會遭逢乾旱所苦，使得李將此地形容為「人類棲息的邊緣環境」。[7]惡劣的條件使得朱—霍安西地區吸引不到農民和牧民，讓這個部落一直到二十世紀都過著相對封閉的生活。

正如李後來所解釋的，朱—霍安西人並沒有完全與世隔絕。例如，在他抵達時，他們正在與附近的札那（Tswana）牧民進行交易，也曾接觸殖民地巡邏隊的歐洲人。但由於缺乏與當地經濟的大量接觸，朱—霍安西人仍然主要依靠狩獵和採集來維持生計。當時人們普遍認為，沒有農業給予的穩定性和豐富性，覓食是一件危險而艱苦的事。李想知道這是否屬實。

或多或少屬於當前現代物種的人類，已在地球上行走大約三十萬年。[8] 在這悠長的歲月中，除了最後的一萬年左右，我們一直過著半遊牧的狩獵和採集生活。從物競天擇的堅定邏輯來說，如此廣大的時間尺度，足以令我們的身體和大腦適應一種以覓食為「工作」體驗核心的生存方式。因此，當試圖了解當代上班生活的摩擦點時，一個好的起點也許是找出我們目前的工作常規最不符合史前老祖宗的演化期望之處。

當然，這種方法的問題在於，史前人類已完全絕跡，考古挖掘也只能讓我們對過去時代的真實面貌得到零碎的一瞥。幸而，在理查德·李的先驅性研究奠定的基礎上，現代人類學找到了這個問題的部分解決方案：仔細研究數量越來越少、仍然以狩獵和採集作為主要維生手段的現存部落。正如李等研究人員所強調的，這些尚存的覓食者並非遠古時代遺留下來的群體，而是生活在現代世界並與之相連的現代個體。但我們可以透過這些例子，更全面地了解以狩獵和採集為主要生存手段的日常現實，換句話說，這些例子提供了一個更詳細的視角，說明「工作」在人類存在的大部分時間裡意味著什麼。

從一九六三年秋天到一九六五年初冬，經過十五個月的實地研究，李準備好向全世界展現他的研究成果。他與長期工作搭檔歐文．德沃爾（Irven DeVore）合作，隔年春天在芝加哥舉辦了一場眾所矚目的會議。會議名為「狩獵之人」（Man the Hunter），承諾為人類學提供「針對人類發展的最關鍵階段——曾經舉世皆然的狩獵生活方式——所做的首次深入調查」。這次活動轟動一時，就連著名的法國人類學家克勞德．李維史陀（Claude Lévi-Strauss）都專程赴美參加會議。

李以一篇論文出盡了風頭，陳述他與朱—霍安西人共處的研究結果。文中首先重述認為狩獵採集者的生活「一般而言是一場危險而艱苦的生存鬥爭」這個常見假設，然後有條不紊地提出數據來推翻這個觀念。事實證明，李研究的聚落食物充足，每天攝入超過兩千大卡的熱量，即便在波札那（Botswana）史上最嚴重的乾旱時期也是如此。同樣令人吃驚的一項觀察是，朱—霍安西人似乎比周圍農民工作得更少。根據李的資料，他研究的成年人每週平均大約工作二十小時來覓食，另外投入大約二十小時來做其他雜務——這給了他們充足的休閒時間。

正如李所總結的，我們可以從這些現代觀察中，推斷出我們這個物種與工作之間的古老關係：

> 多貝地區的布須曼人（Bushmen）如今靠野生植物和肉類生活得很好，儘管他們被限制在布須曼人從前生活的生產力最低的地區。在過去，這些狩獵者和採集者可能享有更堅實的生存基礎。[9]

正如所料，這項關於狩獵和採集生活方式的早期研究，後來引發了相當程度的批評。例如，李的時間日記（time diary）資料蒐集法可能太不準確，而他是否正確地將所有相關活動編碼為「工作」，也存在著爭議。然而，他的大概念——即我們可以藉由研究現代覓食部落來了解遠古經濟——被證明影響極其深遠。[10]

對於李所要蒐集的數據類型，我們可以在現任劍橋大學演化人類學助理教授馬克．戴博（Mark Dyble）帶領的研究團隊所做的最新研究，看到更精細的面貌。正如二〇一九年發表於《自然人類行為》（*Nature Human Behaviour*）期刊的一篇具有里程碑意義的論文所記載的，戴博和他的團隊旨在複製李的一般性研究，但如今使用了最新的方法。[11]他們觀察菲律賓北部的阿埃塔人（Agta），這個部落非常適合用來比較不同的食物取得模式，因為其中一些人仍然主要以狩獵和採集維生，而另一些人最近則轉為種稻。兩個群體擁有相同的文化和環境，因此可以針對兩種食物取得策略進行更純淨的比較。在李使用的日記法中，研究人員試圖記錄研究對象一整天的所有活動

（事實證明這很困難），戴博的團隊則背離了這種方法，轉而採用更現代的經驗抽樣法（experience-sampling method）。研究人員以隨機產生的時間間隔，記錄研究對象當下正在做的事，目標是計算出農民和覓食者投入休閒和工作活動的相對樣本比例。

「完全以覓食維生的群體，白天有百分之四十到五十的時間用於休閒，」當我請戴博總結團隊的研究結果時，他告訴我，「相較之下，那些完全投入務農的人，白天的休閒時間則占百分之三十左右。」他的數據證實了李的說法，狩獵採集者確實比務農者享有更多閒暇時間，儘管差異程度可能沒有最初所說的那麼極端。不過，這些概略數據沒有傳達出一個同樣重要的觀察：一天之中的閒暇時間如何**分布**。正如戴博所解釋的，農民從事的是「單調、連續的工作」，而覓食者的排程節奏則更多變，日常行動中穿插著長時間的休息。「狩獵行動需要在森林中走很長的路，所以你會外出一整天，但會有休息時間，」戴博告訴我，「而像釣魚這樣的行動則是一陣一陣的，會起起伏伏……只有一小部分時間真正用於釣魚。」

就我們的目的而言，戴博研究中的主要觀察點，是覓食者在工作上的不平均性。忙忙碌碌展開捕魚活動後，到了中午可能因為魚情低迷而在船上睡個長長的午覺。令人筋疲力竭的狩獵之旅後，可能會連續幾天等待雨停，什麼事也不幹。相較之下，種稻的阿埃塔人在播種和收割季節必須連續地工作，從日出到日落。和他們的覓食者兄弟相比，農活讓戴博感到「單調乏味」。這種並排式對比，突顯出人類近代以來對工作的體驗發生了多大程度的改變。我們從狩獵採集到農業的轉變，也就是新石器革命，大約在一萬兩千年前才真正開始加速。到了羅馬帝國時期，覓食幾乎完全從人類生活中消失。朝農業轉向，使大部分人類陷入類似種稻的阿埃塔人應付新事物的狀態：日復一日、從早到晚、一成不變地工作，持續而單調。

在這種情境下，唯一值得慶幸的是，農業並不要求人們一整年都付出如此同質的努力，因為播種和收割季節的繁忙，會被冬季的清閒所彌補。人類很快就發展出儀式來建構和解釋這些時斷時續的節奏。豐收節給了人們鼓勵，幫助他們面對每年秋天收割莊稼所需的高強度工作，而精心策劃的冬季慶祝活動，則為接下來無所事事的幾個月黑暗增添了意義。例如，對於古日耳曼人來說，在耶魯節（Yule）前後數日的盛宴中圍著熊熊篝火，以動物祭獻並表達對逝者的崇敬，讓一年中白晝最短的日子變得不再是需要咬牙忍耐的煎熬。

工業革命剝除了工作節奏多變的最後一絲痕跡。動力機器和後來的工廠，使每一天都成了收割日——連續、單調的勞動，一成不變。季節性的變化和提供意義的儀式已一去不返。馬克思雖然有種種缺陷並好高騖遠，但他的「異化論」（Entfremdung）卻觸及了一些深刻的道理，認為工業秩序使我們脫離了我們的基本人性。工人們最終——無可避免地——對這個惡劣局勢展開反擊。他們推動了改革法案，如《公平勞動標準法》（美國國會於一九三八年通過）規定每週的標準工時為四十小時，限制一天中有多少時間可以陷入單調乏味的工作卻沒有額外報酬。他們還成立了工會，以便跟工業化中更無人性的層面抗衡。如果我們的日子要鎖在那些使我們脫離基本天性的活動上，我們希望（盡可能地）確保我們按自己的方式來做。

隨後，知識工作登場，成為重要的經濟領域。正如本書第一部分所討論的，管理階層不知道如何處理這個新產業的工作自主性和多樣性。他們的臨時對策是偽生產力，以可見活動作為有用性的替代指標。在這種新的結構下，我們又倒退了一步。與工業領域一樣，我們繼續每天從早到晚工作，沒有季節性變化，因為任何這類變化如今都會被視為不具生產性。不過，和工業領域不同的是，在我們為自己建造的這個**看不見的工廠**中，我們沒有改革法案或工會來指出這種結構中最耗神費力的層面，然後努力要求設限。知識工作可以隨意囊括我們的存在：在我們可忍受的範圍內，從晚上到週末再到假期，盡可能地占領我們的時間，而且當我們不堪負荷，除了燃燒殆盡、降職或辭職之外，幾乎無計可施。我們如今已徹底脫離人類存在的前二十八萬年的工作節奏。

然而，在這疲憊的背後，潛藏著美好未來的一絲希望。當你收割作物或在流水線上工作，單調的、全天候的工作無可避免——你所能做的，頂多就是以儀式和法律來緩解它的最壞影響。至於這種毫無變化的強度在知識工作中是否同樣不可避免，就比較難說了。我們每天長時間工作，是為了滿足偽生產力的要求，而不是因為高超的腦力工作真的需要如此堅定不移的注意力。真要說的話，證據顯示工業式工作節奏反而會降低我們的成效。想想本章開頭提到的那些科學家，他們利用崇高地位帶來的自由，實行一種更類似於阿埃塔覓食者、而不像現代上班族的波動式工作節奏。這些可以隨意按照自己想要的方式工作的傳統知識工作者，毫無意外地回歸了內建於人類骨子裡的這種更多變化的努力程度。

在此，我們找到了慢速生產力第二條原則的存在道理。持續不斷的高強度工作是出於人為，也是無法持久的。當下，它可能會散發出虛假的有用感，但長此以往，它會使我們脫離自己的基本天性，產生痛苦，而且從嚴格的經濟角度來看，幾乎肯定會阻礙我們充分發揮自己的能力。從長遠來看，更自然、更緩慢、更多變的工作節奏才是真實生產力的基礎。接下來的篇幅，是關於如何在你的工作現況中注入這類變化的一系列主張。我們大多數人沒辦法像居禮夫人那樣，給自己放幾個月的長假來理清思緒，但如果你能謹慎運用交織在大多數現代知識工作中的自主性和模糊性，你可能會驚訝地發現，你確實有能力使你的工作步調變得更加——由於沒有更好的字眼來描述，姑且稱為——人性化。

主張：給自己多一點時間

林—曼努爾．米蘭達寫出《紐約高地》（*In the Heights*）的初稿時，還在衛斯理安大學（Wesleyan University）讀二年級。這齣最終將贏得多項東尼獎的劇作，二〇〇〇年春季在校園劇場首度登上舞台。他當時只有二十歲。這個極其早慧的故事已成為米蘭達傳奇的一部分，一代天才就此初露端倪。然而，經常被傳說遺漏的，是從該劇初次登場到八年後在百老匯成功首演之間發生的故事。

米蘭達於二〇〇〇年推出的這齣獨幕音樂劇，與最終在理查羅傑斯劇院上演的長達近兩個半鐘頭、活力四射的音樂和舞蹈表演截然不同。正如麗貝卡．米德（Rebecca Mead）於二〇一五年在《紐約客》對米蘭達所做的經典側寫中指出的，大學生版本的《紐約高地》是「陳腔濫調」，聚焦在老掉牙的三角戀故事情節上。[12]這位二十歲年輕人的劇作並未受到同儕的熱烈歡迎。就像米蘭達後來接受主持人馬克．馬龍（Marc Maron）採訪時所透露的，衛斯理安大學的文化更注重實驗劇。他對經典音樂劇作品的興趣，使他跟同學產生了分歧。他說：「在衛斯理安，要推出音樂劇是非常困難的。」[13]米蘭達暫時放下他的嘻哈音樂劇，轉而專注在他的畢業劇作——一部終將被遺忘的作品，名為《借來的時間》（*On Borrowed Time*）。畢業後，米蘭達找了一份代課老師的工作。父親敦促他申請法學研究所。

不過，並非所有人都不看好《紐約高地》。大二學生寫出的劇本平淡無奇，原本也在情理之中，但配樂卻很特別。「拉丁音樂和嘻哈的融合很有勁，」米蘭達回憶道，「那種節奏有點意思。」[14]湯瑪斯・凱爾（Thomas Kail）是比米蘭達高兩屆的衛斯理安學長，他記得《紐約高地》。米蘭達畢業後不久，他們碰面討論這部劇作的潛力。米蘭達開始跟凱爾合作修改音樂和劇本，凱爾非正式地為這部孕育中的作品擔任導演。這對搭檔很快聯繫上了衛斯理安的另外兩位校友，約翰・布法羅・梅勒（John Buffalo Mailer）和尼爾・史都華（Neil Stewart），這兩人聯手在紐約成立了一個名叫「後屋製作」（Back House Productions）的劇團。他們開始為米蘭達不斷修改的半成品進行舞台朗讀。[15]

這些反覆進行的迷你表演創造出一個快速的回饋迴路，幫助米蘭達找到他獨樹一幟的音樂風格。不過，劇情仍然感覺平淡無味。為了解決這個問題，米蘭達和凱爾請來了基雅拉・阿萊格里亞・胡德斯（Quiara Alegría Hudes）參與創作，這位才華橫溢的年輕劇作家後來在二〇一二年獲得了普立茲獎。二〇〇四年秋天，他們將《紐約高地》投遞到全國音樂劇大會（National Music Theater Conference），這是一個由康乃狄克州瓦特福（Waterford）的尤金歐尼爾戲劇中心所主持的計畫，旨在培育新的音樂劇作品。他們的劇作雀屏中選，如今在音樂指導亞歷克斯．拉卡莫爾（Alex Lacamoire）加入後，一行人搬到了康乃狄克州，全心全意製作一部更成熟的作品。

就是在這時，《紐約高地》的各個環節開始匯聚成形。胡德斯簡化了人物的故事情節，將重心轉向以音樂頌讚故事背景所在的華盛頓高地社區。凱爾解釋說：「看過在歐尼爾劇院的演出後，我恍然明白，街坊才是這個愛情故事的核心。」這次在康乃狄克州的展演，吸引了百老匯正經製片人的注意，連帶吸引了真正的資金支持。不過，節目在開放給付費觀眾觀賞之前，仍有大量工作要做。直到二〇〇七年——米蘭達開始認真地和凱爾聯手創作五年之後，也是該劇在衛斯理安首演的七年後——《紐約高地》才首次登上專業舞台。又過了一年，該劇才搬上百老匯，米蘭達也將贏得東尼獎。*

在林—曼努爾・米蘭達的故事中，我們看到了一個明顯的例子，顯示我們稍早在偉大科學家生活中發現的一個普遍性模式：他不慌不忙。他容許這部劇的創意發想在首演後的七年時光中慢慢展開。在這段期間，米蘭達肯定投入很多時間全神貫注地創作《紐約高地》，但同時也有很多時候忙於其他的追求。在這些年，除了代課老師的工作之外，米蘭達還為《曼哈頓時報》撰寫專欄和餐廳評論。此外，他也跟自己成立的即興喜劇和說唱團體「自由瀟灑愛最大」（Freestyle Love Supreme）一起國際巡演，並協助他在衛斯理安大學認識的同學史蒂芬・桑德海姆（Stephen Sondheim）將《西城故事》（*West Side Story*）的歌詞翻譯成西班牙語，重新在百老匯上演。

在進行重要專案時將精力分散到其他工作上，會讓偽生產力思維感到不舒服，因為沒有花在追逐最重要目標的時間，似乎就是在浪費時間。對快速哲學的忠實信徒來說，看著米蘭達在二〇〇〇年代初耗費精力在「自由瀟灑愛最大」的即興饒舌上，或者為小型報社寫專欄，可能會令人感到挫敗——這是偉大才華受到稀釋的畫面。相較之下，慢速生產力思維則認為懶洋洋的步調更有優勢。頻繁的冷啟動（cold starts）可以為你的工作注入更多創造力，米蘭達似乎正是運用這種效果，為《紐約高地》取得雖不平均、但卻持續不斷的進步。這也讓他得以在創作和做人的層面上多加探索和發展。大學二年級的米蘭達不夠自信、老練與有趣，無法製作出百老匯等級的劇作。他的偉大需要時間的醞釀才能充分顯現。

＊ 引發轟動的幾個月後，在他急需的墨西哥假期之中，米蘭達覺得自己躺在泳池裡卻無法放鬆，因為他的注意力被旅行前衝動購買的一本大部頭著作吸引住了。那是亞歷山大・漢彌爾頓（Alexander Hamilton）的傳記。

慢速生產力的第二條原則要求你以更自然的步調處理工作。有三種方法可以達成這個目標，這項主張是其中的第一個：效法林─曼努爾．米蘭達，在重要的專案上，心安理得地給自己更長的時間。當然，這項要求有個隱憂。在米蘭達緩慢而穩定的創作與純粹的拖延之間，界限窄得令人擔憂。全國小說寫作月（National Novel Writing Month，編按：參賽者要在三十天內完成五萬字小說）的瘋狂速度如此受人歡迎是有原因的——許多人不相信在最初的熱情消退後，他們還會不斷地重新投入於艱難的計畫中。下面的具體建議就是為了彌補這些憂慮。這些建議將為你更漫長的行動提供結構，讓你能夠保持創造成果的動力，同時避免產生總是有更多事情要做的焦慮感。

訂定五年計畫

大多數人的長期規劃都侷限在未來幾個月的範疇，例如，你的目標也許是在秋季結束前撰寫並投遞一篇學術論文，或者在夏季推出一款新產品。以這樣的時間尺度進行規劃當然有其必要，因為如果不這麼做，你可能會被雞毛蒜皮的要求纏身，永遠無法在任何重要的事情上取得真正的進展。不過，我建議你也制定涵蓋更大範圍的計畫：你希望在未來五年左右達到什麼成就。五年這個確切數字是個有些隨意的選擇，你可以根據自己的實際情況調整：例如，若你剛剛展開四年制的求學生涯，制定一套四年計畫可能更有意義。不過，這項建議的重點是，你的時間範疇應該至少涵蓋好幾年。

為了更具體說明這一點，我以自己的經歷為例。當我開始在麻省理工學院攻讀資訊工程博士學位時，我才剛剛向蘭登書屋投遞我的處女作書稿。我知道除了學術生涯之外，我還想成為作家，但我也知道，如果不加以控制，麻省理工學院的緊迫壓力會使我跟這個目標漸行漸遠。為此，我詳細描繪了我未來五年的願景。我決心在就讀研究所期間想辦法繼續出書。我希望在離開麻省理工學院時，已經成了名下有多部著作的知名作家，即便這意味著必須在過程中經歷一段又一段緊張而混亂的時期。

這個長期計畫屢屢幫助我回歸我的寫作目標，但同樣重要的是，它給了我所需的喘息空間，讓我在即使沒有立即進展的情況下也能安心自在。因為我的願景是建立在許多年的尺度上，所以我可以忍受因課業沉重而幾乎沒有餘裕寫作的繁忙時期，也能忍受在兩部作品之間休息很長的時間，探究自己接下來的寫作方向。例如，我在第二本書和第三本書之間的四年空白期中，利用我的部落格和自由撰稿工作嘗試各種新風格。我緩慢且小心翼翼地努力打好基礎，以便從撰寫我已取得成功的學生指南，轉向撰寫我尚未有任何成績的更嚴肅的書籍。我的長期計畫讓我能夠接受這條緩慢發展的作家之路。我可以多方摸索，而不會覺得自己放棄了追求。我希望在畢業前寫出多部著作，但有許多條蜿蜒道路可以帶我走到這個目的地。

在生活中加入更多計畫可以幫助你放慢腳步，這種想法也許看似自相矛盾，其中的魔力，就在於這種策略拉長了你評估自身生產力的時間尺度。林—曼努爾．米蘭達從衛斯理安大學畢業後的頭幾年，並沒有為了創作《紐約高地》而連續不斷地拚命工作，但他確實一次又一次回到這件事情上，直到它成為一部了不起的作品。唯有抱持著長遠的目光，這種緩慢而穩定的步調才可能存在。

將工作項目的時間線延長一倍

現在，我們的焦點從多年計畫轉向重新思索如何安排未來幾個月的工作。在以季為單位的尺度上，你規劃的內容通常要麼是某個完整的專案（例如推出一個新網站），要麼就是更大型計畫的某個里程碑（例如完成一本書的前三章）。你在這個時間尺度上的目標會左右你的工作速度。如果企圖心太大，在你拚命想要達成目標之際，你的工作會一直維持在很高的強度；相反地，若你給自己充裕的時間來完成目標，你的工作步調就會進入更自然的節奏。要達到後者的狀態，有一個簡單的推斷法：面對即將展開的工作項目，記下你一開始覺得合理的時間線，然後**延長**一倍。例如，假設你一開始憑直覺認為推出新網站需要花費兩星期，那就修改目標，給自己整整一個月的時間。同樣地，假如你認為從九月到十二月寫出作品的四個章節是合理的，那就將計畫改成只需寫完兩個章節。

關於個人生產力的一個現實問題是，人類並不擅長評估腦力工作所需的時間。我們天生就能理解有形工作的需求，例如製作手斧或採集可食用的植物。然而，當規劃我們欠缺生理直覺的工作時，猜測的成分比我們意識到的更多，導致我們傾向以最樂觀的情況來預估工作所需的時間。在計畫過程中，我們似乎透過想像一個野心過大的時間表來尋求快感：「哇，如果我能在今年秋季完成四章，那我的進度就真的超前了！」這種想法當下會讓你覺得很棒，但卻會使接下來的日子陷入慌亂與失望。

藉由採取將最初的預估延長一倍的通用策略，你可以中和掉這種無端的樂觀直覺。結果就是：能以更從容的步調完成工作。當然，這麼做的憂慮是，如果將工作時間延長一倍，你能完成的事將大幅減少。但是，你最初的計畫本來就不切實際且難以維持。慢速生產力的一個重要信條是，偉大的成就，是由微小的成果一點一滴、長期穩定地累積而成。道路很長，請調整好你的步伐。

簡化你的工作日

最後，我們來到了與「給自己多一點時間」的主張相關的最小時間尺度：個別的一天。放慢工作步調的一大樂事，就是你不再需要以瘋狂的強度與每一天搏鬥。然而，要獲得這項好處，你確實必須簡化你的日常排程。假如你堅持將每天的每個小時都塞滿超出你能完成的工作量，那麼就算降低季節性計畫和長期計畫的強度也無濟於事。你必須同時馴服這三個時間尺度的野性。為了創造更合理的工作日，我有兩個建議：第一，減少你安排的任務數量；第二，減少行事曆上的預約次數。換句話說，減少你計劃完成的工作，同時增加你的可使用時間。

第一個建議很容易執行：將你為任何一天規劃的任務清單一律縮減二五％至五〇％。如同之前所述，人類對於完成腦力工作所需時間的估計總是過度樂觀。全面性的縮減規則，可以抵銷這項偏差，例如刪掉初始任務清單的四分之一。說到減少與人相約的次數，一個好的目標是確保一天之中用於開會或打電話的時間不超過一半。要達到這個標準，最簡單的方法就是宣布某些時段受到保護（比如中午以前不開會）。當然，在某些辦公環境中，這類的嚴格規則可能很難得逞。（「你說中午前不開會是什麼意思？我就是那時候有空！」）一個更微妙的替代方法是實行「給一個，還一個」策略。每當你在某一天的行事曆上添加一場會議，就要在當天找出同樣多的時間加以保護。如果我安排在週二打三十分鐘的電話，我也會在當天的行事曆上空出另外三十分鐘留給自己。當某一天開始被預約活動填滿，受保護的時段也會隨之填滿，以致越來越難增添新的預約。沒有任何一天會有超過一半的時間用於開會或打電話。在此同時，這種方法比單純宣布某些時間永遠處於禁區的做法更有彈性，讓你在同事眼中不會顯得如此冥頑不靈。

當然，這些策略並不是無一例外地適用於每一天。我們將在本章稍後探討的一個觀點是，就算採取自然的步調工作，仍會出現一些高度忙碌和努力的時期。換句話說，總會有一些日子，你不得不一次又一次從一場會議轉戰另一場會議，因為你正試圖敲定一項重大交易，或試圖處理一場始料未及的危機。還會有一些日子，每一分鐘都因為臨時出現的緊急任務而需要被填滿。不過，倘若盡可能地將日常排程的通用規則當成預設法，就能確保在不可避免的強度高峰期之後，會繼之以更悠閒的平緩期。

在對林—曼努爾．米蘭達的側寫中，麗貝卡．米德談及在《漢彌爾頓》（*Hamilton*）到外百老匯（off-Broadway）進行首演之前的幾星期，米蘭達「焦慮不安的模樣」和「透著疲憊的雙眼」。不過，她也談到在進入這些最後準備階段之前的時期，米蘭達還在創作該音樂劇的許多曲目。米德描述米蘭達如何牽著他的狗漫無目的地在紐約街頭長時間散步，戴著耳機反覆聆聽新曲的配樂，等待旋律靈感的降臨。這是米蘭達「給自己多一點時間」的時期。

原諒自己

關於「給自己多一點時間」的討論，有個重要的結語是認清這麼做的心理風險。安排工作進度是一件棘手的事，尤其當涉及複雜的專案。你有時可能會讓某些事情拖得太久：錯過了截止期限或某個機會、發現自己已經落後於你的願景、想像自己正在像林—曼努爾・米蘭達一樣慢慢培育一部傑作，然後有一天突然發現自己其實只是在拖延。面對這些生產力低迷的時期，人們的回應往往是為自己安排一段「令人窒息的忙碌」以茲懺悔。你告訴自己，只要你累得半死，就不能被指責為懶惰。

我反對這種回應方式。這種反應不僅無法持久，從長遠來看，也不會讓你朝完成重要工作更接近一步。如果你「給自己多一點時間」的努力有時會令你暫時偏離選擇的道路，那也沒關係。這種事情會發生在每個努力完成重要工作的人身上，就連林—曼努爾・米蘭達也無法倖免。（我們都知道他紅極一時的作品，卻很少聽到他在爆發創作能量時展開、最終被人遺忘的超乎想像的大量作品。）這是在以自然的步調工作時很難做對的層面，你也會不時感到失望。但是，面對這個現實，一個顯而易見的人性化回應是原諒自己，然後再問：「下一步是什麼？」工作要有意義，關鍵在於決心持續回到你認為重要的工作上，而不是每次都要做到完美無誤。

主張：接納季節性起伏

喬治亞．歐姬芙的職業生涯有個忙碌的開端。一九〇八年，二十一歲的歐姬芙已完成芝加哥藝術學院（Art Institute of Chicago）和紐約市藝術學生聯盟（Art Students League）的學業，求學期間屢屢獲獎，成績斐然。但她的錢花光了，於是在芝加哥找了一份商業藝術家的工作。一九一〇年，她和家人一起搬到維吉尼亞州，開始在好幾家機構教藝術。一九一二年至一九一四年間，她前往西部，到達德州狹長地帶塵土飛揚的阿馬里洛（Amarillo）小鎮，在那裡的公立學校教授藝術。夏天，她會返回東岸，到哥倫比亞大學師範學院（Columbia University's Teachers College）擔任助教，同時到維吉尼亞大學進修。一九一五年，她在南卡羅萊納州的哥倫比亞學院（Columbia College）取得講師一職。之後，她又回到紐約教育學院。一九一六年，她成為德州峽谷市西德州立師範學院（West Texas State Normal College）的藝術系主任。[16]

光是列出歐姬芙在這段期間的履歷就很累人，生活在其中想必更是令人疲憊不堪。不過，不知道歐姬芙是怎麼辦到的，在這幾年的擾攘歲月裡，她斷斷續續地堅持學習，發展出新興的抽象藝術風格。但這些努力並不容易。她曾經長時間中斷藝術工作，包括早年生涯中有一次中斷了將近四年。顯然，在歐姬芙釋放出驚人的藝術潛力之前，這種超負荷的生活方式必須改變。幸運的是，一九一八年，改變終於透過一棟雜亂無章的鄉間小屋降臨，這座小屋位於阿第倫達克山脈（Adirondacks）南端的喬治湖（Lake George）西岸。

這塊土地屬於阿爾弗雷德．史蒂格利茲（Alfred Stieglitz）的家族所有，他是一位著名攝影師，也是頗具影響力的紐約二九一畫廊的老闆。史蒂格利茲在他的畫廊展出歐姬芙一系列創新的炭筆畫作，因而認識了歐姬芙。一段友誼開始了，兩人最終發展成為戀人、夫妻。史蒂格利茲的家族在一八八〇年代買下這座位於喬治湖畔的莊園，他們將這裡稱為「橡樹草坪」（Oaklawn）。史蒂格利茲小時候總在橡樹草坪度過夏天。「這座湖也許是我最老的朋友，」他曾寫道，「啊！我們共度了多少個白晝與黑夜。平靜美好的時光。瘋狂靜止的時光。——夢幻的時光。——靜謐奇妙的時刻與日子。」17

史蒂格利茲迫不及待向歐姬芙介紹這些「靜謐奇妙的日子」。一九一八年起，他開始帶歐姬芙到他們家的莊園度過夏天。頭兩年，他們住進莊園富麗堂皇的大宅，但在史蒂格利茲家族賣掉那座宅邸後，他們搬到了附近山頂上一間較為質樸的農舍。歐姬芙就是在這裡找到使她充分激發創造力的空間。她建立了鄉間生活的規律作息，每天早上散步到喬治湖村領取信件。有時，她會延長步行時間，沿著兩英里的步道健行到展望山（Prospect Mountain），得到的回報是將山下的美景盡收眼底，一覽長湖上來來回回的蒸汽輪船。

然而，最重要的是，她持續作畫。一九一八年到一九三四年間，歐姬芙主要在她的「陋室」工作（這是由農場附屬建築改建而成的一間工作室），創作出兩百多幅畫作，外加大量素描和粉彩作品。[18]她以周遭的自然風光為靈感，既捕捉到了湖泊和周圍山脈的壯麗景色，也對樹木花卉進行近景描摹。到了秋天，她會把畫布從阿第倫達克山脈帶回城裡，完成收尾工作並展出。歐姬芙以自然為靈感的抽象畫作備受讚譽，她也成了藝術界的名人。喬治湖歲月被認為是她藝術生涯中最多產的時期。

這種**季節性**的工作方式——一整年裡有不同的工作強度和重點——讓許多境遇相同的人深有共鳴。歐姬芙到喬治湖避暑，在那裡慢慢釋放她的創造力，秋天再回歸繁忙的城市生活，這種做法感覺很自然，一如我們之前討論偉大科學家時提到的季節性例子，好比說，牛頓在林肯郡鄉村思索萬有引力、居禮夫人到法國鄉間充電。我們當前的現實情況是，這種型態的職業季節性已變得很罕見，尤其在知識工作的領域。除了可以像歐姬芙一樣透過避暑尋找創意來源的一些全職藝術家和作家，以及有寒暑假的教育工作者之外，大多數在電腦螢幕前辛苦謀生的人，一年十二個月勤奮不懈，工作強度幾乎毫無變化。

然而，儘管我們此刻覺得歐姬芙的工作排程很奇特，但這並不能掩蓋**我們**一成不變的工作方式才是異類的事實。正如前面所述，在人類大部分的歷史中，地球上絕大多數人的工作生活都與農業交織在一起，而農業是一種（名符其實的）季節性活動。對我們的大多數老祖宗來說，全年沒有變化或沒有休息地工作，是一件很不尋常的事。季節性早已深深融入人類經驗之中。

這項主張認為大可不必以現行方式工作。季節性也許不可能出現在工業製造之類的環境，但知識工作卻有更大的彈性。對那些在辦公室隔間而不是在工廠工作的人來說，在一年之中，你與工作的關係若要呈現更多變化，機會也許比你最初想像的更多。關鍵是要明白，你並不需要擁有三十六英畝的鄉間湖濱房產來培養有益的季節性。以下的具體策略，旨在幫助標準的現代工作者（亦即不是那些經濟獨立的二十世紀初藝術家）至少在工作上找回某種程度的自然變化。

安排放慢腳步的季節

二〇二二年七月，正當我沉潛在寫這本書的早期階段，一股相關潮流在網路上爆紅。事情始於一位名叫@ZKChillen的TikTok用户[19]發布的一段十七秒短片，片中輕柔的鋼琴曲襯著紐約市的風景：地鐵、市中心的街道、住宅區的街道，然後不知出於什麼原因，出現了一台兒童吹泡泡機。「我最近聽到『在職躺平』這個概念，」旁白開始說道，「你並沒有辭掉工作，而是打消了在工作中全力以赴、做出額外貢獻的念頭。」他接著摒棄認為工作即生活的「拚搏文化」。「現實情況是，工作並不等於生活，」他總結道，「你生而為人的價值，不是由你的勞動所定義。」

隨著最初的@ZKChillen短片引發關注，更多的TikTok影片接踵而至，其中大多是年輕的旁白者發表熱切宣言，宣告自己採納了「在職躺平」概念。不出所料，傳統媒體很快跟上了風潮。八月初，《衛報》刊登了一篇文章，其副標題因帶著虛無主義的調調而引人注目：「現代工作的無意義感——加上疫情——導致許多人開始質疑自己的工作方式」。[20]幾星期後，《紐約時報》[21]和全國公共廣播電台（NPR）[22]也發表了類似文章。就連創業競賽類節目《創智贏家》（*Shark Tank*）主持人凱文·奧利里（Kevin O'Leary）也加入討論。（如果你好奇的話，他認為在職躺平是個「很爛的主意」。）[23]

正如網路潮流通常會發生的那樣，在職躺平運動最終引發了一連串的互別苗頭和保守派批評。有一個族群說著「現在的年輕人吼」，並對這些憂鬱的TikTok宣言嗤之以鼻。他們指出，你的勞動也許不能定義你生而為人的價值，但肯定能決定你身為員工的薪水高低。其他人則認為在職躺平是不必要的消極抵抗，如果你對自己的工作不滿意，那就去跟你的老闆談談；在職躺平只會讓老闆擺脫應該為工作環境機能失調負起的責任。很快地，網路激進分子也加入了戰局，指責最初的發文者沒有充分認識到某些族群可能比其他族群更難執行他們的建議。也許可以預見的是，老派的極左翼人士試圖從側翼包抄整個混亂局面，聲稱針對這個話題的**任何**討論本身就是徒勞無益的資產階級行為，因為對這些問題的唯一真正回應，就是徹底摧毀資本主義。[24]

如果我們願意拋開上述種種裝腔作勢的網路言論，在職躺平的核心存在一個十分實際的觀察：對於工作的強度，你擁有超出想像的控制權。在職躺平者的戰術很直接，例如，他們建議你不要自願承擔額外的工作、確實在五點鐘關機、坦然地說「不」，並沖淡人們可以隨時透過電子郵件和即時訊息聯繫你的期望。正如許多在職躺平者所說的，這些小小的變化可以大大改變工作量對你的心理影響。這讓我開始思考：如果我們停止將在職躺平定位為對「工作無意義感」的一般反應，而是視之為實現季節性的更具體策略，結果會如何？好比說，若你決定每年在職躺平**一段時期**：也許是七、八月，也許是感恩節到新年之間那段心不在焉的時期，結果會怎麼樣？你不會在這個決定上大做文章；你只會**靜靜地**這麼做，隨後再低調地回歸比較正常的工作節奏。

若要使這個想法奏效，你應該盡可能安排在偽淡季開始之前完成重要專案的收尾，等到淡季結束後再展開新的重大專案。有一個高明的戰術，是在淡季期間進行一個能見度高、但衝擊較小的專案，你可以用來暫時推辭新的任務：「我很樂意主持內部審查專案，但我這個月的重點真的全都在熟悉這個新的行銷軟體上，所以還是等到新年再開始吧。」重點是選擇一個不需要大量合作、會議或緊急聯絡的推託專案。就此而言，個人寫作或研究計畫都是不錯的選擇。

當然，如果你是自己的老闆，就更容易安排淡季了，因為你不必費心去混淆視聽。事實上，正如我稍後要討論的，自雇人士甚至可以考慮更極端的季節性。不過，就目前而言，促使我提出這項建議的主要觀察點是，在大多數知識工作的就業環境中，每年都有可能偷偷放慢幾個月，而不會產生任何重大後果。假如你**總是**推拒專案，老闆可能會注意到；如果你**很少**有時間承擔新任務，客户可能會擔心，但一、兩個月相對較緩慢的步調，不太會引起注意。這種策略可能不像歐姬芙在喬治湖度過的慵懶夏天那般戲劇化，但任何此類的長時間放鬆，即使是偷偷摸摸的，都會對職業生活的可持續性產生重大影響。

規劃較短的工作年

戰後，後來寫出詹姆士龐德諜報驚悚小說的作家伊恩．佛萊明（Ian Fleming），接受了凱姆斯利報業（Kemsley Newspapers）的一份工作，這家英國媒體公司因擁有《星期日泰晤士報》（*Sunday Times*）而聞名。佛萊明被聘為國外部經理，負責管理該集團龐大的海外通訊員網絡。鑒於他在英國海軍情報處的工作經歷——這個職位讓他在戰爭期間周遊世界各地——他完全有資格勝任這份工作。不過，與我們此處的目的有關的，倒不是佛萊明新工作的細節，而是他接受這份工作時簽的合約。佛萊明與凱姆斯利達成協議，每年只需要工作十個月，另外兩個月作為年假。

之所以訂定如此不尋常的協議，起因源於一九四二年，當時，三十四歲的佛萊明中校被派往牙買加參加「黃金眼行動」（Operation Golden Eye），調查德國U型潛艇在加勒比海的潛在活動。佛萊明愛上這座島嶼的寧靜和美麗，發誓等戰爭結束，一定要想辦法再來。一九四六年，當他得知港口小鎮奧拉卡貝薩灣（Oracabessa Bay）附近有一個占地十五英畝的地產剛剛掛牌求售，他兌現誓言的機會便來了。這塊地並不起眼，原先是個賽驢場，坐落於低矮的岬角上，被茂密的熱帶灌木叢所覆蓋，但佛萊明看到了其中的潛力。他發電報請他的房仲幫忙買下這片土地，然後清出其中一小塊地，蓋了一間有水泥地面、水管勉強能用的簡陋平房。佛萊明的新家建成不久後，旅遊作家派翠克・弗莫（Patrick Leigh Fermor）曾來拜訪，他解釋說：「面海的窗户沒有安裝玻璃，但外頭裝了百葉窗來擋雨。巨大的四邊形……將各種元素馴化成一幅千變萬化的壁畫，令人百看不厭。」[25]為了紀念其靈感來源，佛萊明將他歪歪倒倒的房子命名為黃金眼。

這就是佛萊明在工作合約中要求兩個月假期的原因。每年，為了兌現他在戰時對自己的承諾，他可以逃離沉悶的倫敦冬天，沉迷在黃金眼刻意放緩的生活中。一開始，佛萊明的假期純粹縱情於享樂。每次到了島上，他早上會在房子下方的水灣浮潛，接著把精神轉到狂歡作樂——以一種專屬於英國上流社會的活力，補償他在戰爭中經歷的黑暗。但到了一九五二年，在新婚妻子安・查特利斯（Ann Charteris）的敦促下，佛萊明開始在牙買加度假時著手寫作，她認為這項活動可以轉移佛萊明對個人生活壓力的注意力。*那年冬天，他寫下《皇家夜總會》（*Casino Royale*）的草稿，這是詹姆士龐德系列小說的第一部。之後，他又寫了十幾部，總是遵循同一套例行程序：秋天在倫敦勾勒出新小說的情節大綱，接著前往黃金眼，在牙買加的自然晨光下寫出完整的初稿，然後春天回國，完成出版前的最後編輯工作。

這些季節性逃離現實的故事帶著某種浪漫色彩，既有巨大的吸引力，又遙不可及得令人沮喪。在加勒比海冬天的熱帶陽光下，佛萊明找到靈感，創作出現代類型文學中最歷久彌新的人物之一，正如喬治亞．歐姬芙在阿第倫達克山脈南端找到她獨樹一幟的藝術風格。如果我們有辦法每年長時間遠離平常的職業生活，我們可以想像自己也會得到類似的放鬆，為創意充電。但是，對於身處戰後英國的佛萊明來說輕而易舉的事，卻似乎與大多數辛苦謀生的二十一世紀知識工作者所面對的現實相去甚遠。我

＊　確切的壓力是，佛萊明在情人懷孕後，決定跟她結婚。結婚生子的念頭讓佛萊明陷入了恐慌，他的新婚妻子於是建議他用寫作來轉移注意力。總而言之，在品格和道德問題上，伊恩．佛萊明不會是你想學習的榜樣。

們唯一的選擇，似乎是前述策略中描述的偽季節性。當然，這遠不如逃到海上那樣大手筆，但總勝過什麼都不做。

不過，佛萊明的模式在現今是否真的如此遙不可及？回想一下我在第三章介紹的珍妮．布萊克。和佛萊明一樣，布萊克每年也會休假兩個月，離開平常的工作。然而，和佛萊明不同的是，她不必借助社會名流的地位來逢迎她的老闆。她自己經營一家規模不大的企業培訓公司，只需要在跟客户簽約時，確保自己每年有兩個月的空間時間即可。當然，這會減少她的收入，但正如布萊克在跟我聊起她的安排時所解釋的，她的目標不是賺最多錢，而是得到最高的生活品質。調整預算，以每年大約減少兩成的收入維生，與每年一次長假所帶來的好處相比，這是極其公平的交易。

作家安德魯．蘇利文（Andrew Sullivan）也遵循類似模式。每年八月，他都會從熱氣蒸騰的華盛頓特區，逃到鱈魚角（Cape Cod）北端普羅文斯頓（Provincetown）海灘附近一座古色古香的安妮女王風格小屋。這位《新共和》（*The New Republic*）

雜誌的前任編輯，現在幾乎完全靠人們付費訂閱他在Substack平台上的電子報謀生。理論上，對於一個要求讀者每月付費閱讀他的文章的人來說，每年夏天沉寂幾星期並非最佳選擇，但他的訂户似乎不以為意。蘇利文通常會在盛夏發表一篇文章宣告自己即將休假，文中往往飽含熱切的期待。幾星期後，他會帶著新的活力回來，既滿足了自己，也滿足了讀者。

其他採用佛萊明模式的人，就不像布萊克或蘇利文那麼規律了。例如，我在二〇一二年出版的《深度職場力》（*So Good They Can't Ignore You*）一書中，介紹了一位自由接案的資料庫開發工程師，名叫露露．楊（Lulu Young），她休假通常是臨時起意的。在兩項重大專案之間，她經常會空出好幾週去旅行或追求新的愛好。當我為了寫這本書而採訪她時，她才剛剛利用這些間隙學會了水肺潛水、取得飛行員執照，並且到泰國旅行六星期及探望親戚。不過，在這些較大的冒險行動之間，每當心血來潮，她也會零星地翹班一、兩天，從中找到樂趣。「很多時候，我會帶侄女或侄子出去玩，」她告訴我，「我去兒童博物館和動物園的次數，可能比這個城市的任何人都多。」[26]

對於那些有頂頭上司和正常上下班時間的標準上班族來說，一舉逃離數星期或數個月的夢想恐怕很難成真。然而，如果你為自己工作，那麼迫使你全年無休的主要力量，很有可能是文化習俗。佛萊明、布萊克、蘇利文或楊決定長時間抽離平常工作時，並沒有發生什麼可怕的事。短期內，他們的收入可能會減少一點，但我敢打賭，生而為人，他們會發現這樣的犧牲非常值得。

實施「微季節性」

季節性不僅是指放慢整個季節的工作腳步，在比較小的時間範圍內改變工作強度，也有助於實現更自然的步調。這項主張的總體目標，是幫助你避免一年到頭都在焦躁且拚勁十足的狀態下工作，幾乎沒有變化。在喬治湖避暑可以打破這種不自然的節奏，但每個月隨意抽出一、兩天給自己放個假也可以。我把這種比較平實的做法稱為「微季節性」。在此，我將詳細介紹執行這套理念的四項具體建議。希望你在見過其中一些例子後，能更容易想出其他許多點子，為你的工作步調注入一些急需的變化。

星期一不開會

不要在星期一安排會議，你不需要公開宣布這個決定。當別人問你什麼時候有空開會或通電話時，不要再提議星期一的任何時段。由於星期一只占一週工作時間的二〇％，你通常可以實施這類會議禁令而不讓人覺得你特別難約。這麼做會給你帶來巨大好處，因為它可以讓你更平緩地從週末過渡到上班日。當隔天的行事曆乾乾淨淨，星期天晚上會變得沒那麼沉重。減少令人分心的事，也會為每週提供一個固定時段去推進那些艱難但重要的專案，使你的工作更有意義。當然，訂在其他日子也同樣有效，也許週五不開會更適合你的特定工作節奏，或者你覺得在某個週間日杜絕會議更有價值。這個想法的重點，是在原本擁擠雜亂的行事曆中保持**一塊**祥和的淨土。

一個月看一場日場電影

在週間下午走進電影院，有一種能讓心靈煥然一新的魔力。那樣的環境如此新奇——「大多數人現在都在上班！」——能讓你從焦慮反應的標準狀態中解脫出來。這樣的精神轉變是一種淨化，你應該定期這麼做。我的建議是每個月空出一個下午溜去看一場電影，提前在行事曆上保護好這段時間，以免被某個突發的臨時會議搶占。在大多數的辦公室工作中，沒有人會注意到你每隔三十天左右離開一個下午。如果有人問你去哪兒了，就說你有個「私人的預約」。這是真話。當然，你應該合理地安排，確保不會錯過重要的事情。倘若出現緊急情況，或者某個星期的時間異常緊迫，你可以將這種迷你假期改到另一天。如果你對這個決定感到內疚，不妨想想你晚上查看電子郵件或週末在筆電上工作所花的所有額外時間。偶爾溜掉週間的下午，只不過抵銷了這筆帳而已。要從這項建議中獲益，並不一定要看電影，其他活動也同樣有效。例如，以我自己的經驗，我發現逛博物館和爬山健行也有類似的好處。這裡最重要的一點是，就算只是在週間安排一次簡單的遁逃，就足以減輕平時一成不變的規律所帶來的疲憊感。

安排喘息項目

展開重大的新專案時，開始在行事曆上封鎖大塊時間可能會讓你感到壓力。每一個新添的預約都會降低近期排程的彈性，加大你的工作強度。當你的行事曆在忙碌時期被填得越來越滿，你會生出一股輕微的絕望感。**這麼多事情怎麼做得完？**要平衡這種壓力，有一個聰明的方法，就是用相應的**喘息**項目搭配每個重要的工作專案。這個概念很簡單：每次在行事曆上撥出時間給一項重要的工作專案後，就安排時間在接下來幾天或幾週去做一些與工作無關的休閒活動。例如，你也許是一名教授，被指派在即將到來的春季擔任教師遴選委員會的主席，尋才工作可能會讓你一直忙到五月初。為了補償自己，你可以騰出該月稍後的幾個下午去——好比說——終於看完法蘭西斯・柯波拉（Francis Ford Coppola）一九七〇年代的全部電影作品、學習一門新語言，或者整理並重新啟用你的後院工作室。關鍵是要取得合乎比例的平衡。辛苦的後面是樂趣。工作越辛苦，隨後享受的樂趣就越大。即使這些喘息項目與引發它們的繁重工作相比是較小的，但這種往復來回的節奏仍能帶來持久的變化體驗。

在工作中注入週期性

軟體開發公司Basecamp以嘗試各種創新管理做法而聞名，鑒於其創辦人之一暨現任執行長傑森・福萊德（Jason Fried）曾出版一本名為《工作何須賣命》（*It Doesn't Have to Be Crazy at Work*）的書，這也許並不令人意外。Basecamp比較不同凡響的一項政策，是將工作整合成「週期」，每個週期持續六到八週。在這幾週裡，團隊專注於明確而緊迫的目標。最重要的是，每個週期結束後都會有兩週的「冷卻」期，員工可以利用這段時間一邊充電，一邊解決小問題，並決定接下來要處理的工作。「有時候，我們會忍不住把週期延長到冷卻期，以便塞進更多工作，」Basecamp的員工手冊解釋說，「但目標是要抗拒這種誘惑。」[27]

這項策略納入了人類投入工作的自然季節性。如果Basecamp要求員工持續不斷地集中心力處理迫在眉睫的工作，他們的整體強度會隨著疲憊感的出現而下降。相反地，如果員工固定在週期之間休養生息，他們在週期內完成的工作會達到更高品質的水準。後面這種情況最終會比前一種情況產生更好的整體效果，對涉及其中的員工來說，也更能持久。

在自己的工作中採取某種週期觀，可以理解為透過更有條理的方式實施前文提到的喘息項目和季節性躺平策略。你可以提議將週期納入正式政策，並以Basecamp的手冊來支持你的論點。或者，如果你擔心這項建議會引來什麼樣的目光，你可以悄悄地實施週期，不讓任何人知道。兩週的冷卻期很短，不足以給你招來推卸重大任務的臭名。真要說的話，你在週期內提高的工作強度可能更引人注目，使雇主對你的觀感轉向好的一面。

插曲：傑克・凱魯亞克不是只用三週就寫出《在路上》嗎？

一九五九年，傑克・凱魯亞克（Jack Kerouac）登上《史蒂夫艾倫秀》（*The Steve Allen Show*）。這段節目的目的是宣傳兩人剛剛發行的一張專輯，該專輯的特色是凱魯亞克在艾倫的鋼琴伴奏下朗誦詩歌。但對話一開始的焦點，放在兩年前出版的那本讓凱魯亞克一舉成名的書：《在路上》（*On the Road*）。凱魯亞克的這本暢銷書一半是印象派遊記，一半是對「垮掉的一代」（Beat Generation）的哲學沉思，全書最大的特色就是受爵士樂啟發、流暢的意識流散文風格。正如書中的敘事者薩爾·帕拉迪斯在書的開頭所宣稱的：

> 我只對瘋狂的人感興趣。他們瘋狂地活著、瘋狂地表達、瘋狂想要得救、渴望同時得到一切。他們從不知疲倦，從不說一句平淡無奇的話，只是燃燒、燃燒、燃燒，猶如神話中的黃色羅馬焰火筒。

文字讀起來飛快，就像思緒從凱魯亞克的腦中滾落到颼颼作響的打字機紙頁上。在史蒂夫·艾倫的節目中，凱魯亞克加深了此一印象。[28]

「傑克，我有幾個直截了當的問題，但我想答案會很有趣，」艾倫說，「你寫《在路上》花了多長時間？」

「三個星期，」凱魯亞克回答。

「幾個星期？」

「三個星期。」

正如凱魯亞克接著闡述的那樣，他不僅用迸發出的狂熱精力在三週內寫了這本書，而且還將手稿打在一卷長而連續的電傳打字紙上，這樣他就能一口氣完成創作，不用停下來為打字機換紙。正如他的妻舅約翰·桑帕斯（John Sampas）後來詳述的：「他就那樣滔滔不絕，幾乎毫不喘氣，急促而飛快地打著稿子，用傑克的話說，因為這是一條飛快的路。」[29]

我之所以提起傑克·凱魯亞克文思泉湧、瘋狂寫作的這個老套故事，是因為它恰恰捕捉到了人們對慢速生產力第二條原則的一個明顯反對意見：自然的步調有時實在太慢了。這種反對意見認為，重要的工作需要維持在高強度，也許甚至要維持強迫性的專注。若要讓一般的工作變得比較容易忍受，拉長時間線和改變努力程度也許有幫助，但這與偉大的工作並不相容。

重要的專案往往需要**短暫**投入最大強度，這一點雖無可置疑，但我卻不認為這類專案通常可以用絲毫不減的高能量一鼓作氣完成。例如，讓我們回到凱魯亞克的例子。正如他的妻舅於二〇〇七年接受全國公共廣播電台採訪時所澄清的，當凱魯亞克告訴艾倫，他用三週時間「寫出」《在路上》，他說的其實應該是，他用三週時間**打出**了手稿的初稿。他全心投入這本書的時間要長得多：凱魯亞克在他一九四七年至一九四九年間的日記上書寫這本小說，然後，在他那段著名的瘋狂打字時期之後，他又花了六年時間完成另外六個不同版本的草稿，試圖找到可以說服出版商接受的形式。

「凱魯亞克創造了一個神話，你知道的，讓人以為他是個自發式寫作的作家、他寫下的一切從未更改，」研究凱魯亞克的學者保羅．馬里恩（Paul Marion）說，「〔但〕事實並非如此。我的意思是，他其實是個技藝精湛的手藝人，傾注大量心血在寫作和寫作過程上。」[30] 換句話說，《在路上》讀起來飛快，但正如大多數禁得起時間考驗的作品，它的創作步調其實相當緩慢。

主張：帶著詩意工作

詩人瑪麗．奧利弗體現了以自然步調工作的精髓。童年坎坷的奧利弗，在家鄉俄亥俄州漫步於林間時找到了解脫。「我想，那救了我一命，」二〇一五年，她罕見地在全國公共廣播電台接受克麗斯塔．提貝特（Krista Tippett）採訪時解釋道。[31] 正如奧利弗所闡述的，為了尋找這段黑暗時期裡的光，她在漫長的漫遊中注意到了自然世界的詩意潛力：

呃，就像我說的，我不喜歡建築物。我讀書時打破的唯一紀錄就是翹課。我經常帶著書走進樹林——背包裡裝著惠特曼（Whitman，編按：美國詩人）——但我也喜歡各種動態。所以我就開始帶上這些小本子，草草記下出現在我面前的任何事情，然後再設法將它們寫成詩。

奧利弗從俄亥俄州搬到新英格蘭後，依然保持著户外散步和信筆塗鴉的習慣。她在新英格蘭定居下來，並開始發表詩作，對大自然進行淒美而無矯飾的描繪。奧利弗的步調也許不慌不忙，但她的創作生涯可謂非常多產。她於一九八四年出版的第五本詩集榮獲普立茲獎。一九九二年，她的選集《新詩選》（*New and Selected Poems*）則贏得了美國國家圖書獎。奧利弗於二〇一九年辭世，是上個世紀最受歡迎與愛戴的詩人之一。

我提起奧利弗，是為了說明我在慢速生產力第二條原則中的最後一項主張：有時候，培養自然步調不僅與你投入專案的時間有關，也與完成工作的環境有關。正如法國哲學家加斯東・巴舍拉（Gaston Bachelard）在《空間詩學》（*The Poetics of Space*）一書中所說，我們不應低估周圍環境改變我們感受現實的能力。例如，在討論住家的角色時，巴舍拉有一句名言：「居住空間超越了幾何學的空間。」[32]樓梯並不單純是一排按順序排列的台階，而是你小時候在下雨的夏日午後跟兄弟姊妹玩耍的地方。它的表面和細節交織成一張複雜的人類經驗網。

這些力量影響著我們的專業努力。奧利弗的林間漫步不僅是為了尋找寧靜，戶外的環境幫助她從過去汲取豐富的養分，讓她覺得工作更有活力、更多變、節奏更自然，勝過在家裡的完美辦公桌前花同樣時間寫作。這項主張要求你同樣透過詩意的眼光來評估最重大的工作之環境。藉由妥善選擇你的實體空間與儀式，不僅可以使工作體驗變得更有趣、更持久，還能更充分地挖掘你潛藏的才華。當然，訣竅就在於找到你個人版本的瑪麗．奧利弗林間漫步。下面的具體建議將幫助你做到這一點。

找到與工作相配的空間

要為你的工作打造一個更有效的空間，一個顯而易見的辦法就是讓實體環境的元素吻合你想達成的目標。例如，瑪麗．奧利弗以大自然為主題的詩歌，就是靠著在詩中描述的那種樹林中長時間漫步而寫成的。奧利弗並不是尋求這種對稱性的唯一一人，許多作家會利用周遭的細部環境來支援作品的特定屬性。例如，在創作《漢彌爾頓》時，林─曼努爾．米蘭達爭取到在莫里斯朱梅爾大宅（Morris-Jumel Mansion）寫作的許可，這是曼哈頓現存最古老的房子，曾是喬治．華盛頓在哈林高地戰役期間的指揮部，也是亞倫．伯爾（Aaron Burr）在副總統任內的官邸。「我們就置身在這一切破事發生之地的幾層之上，我很喜歡這樣，」米蘭達解釋道。[33]

與此同時，定居紐約州伍茲塔克（Woodstock）的尼爾・蓋曼（Neil Gaiman）在住家後方的森林裡蓋了一間簡樸的八邊形寫作棚，小屋架在低矮的木樁上，可以盡覽四面八方無邊無際的樹林。蓋曼寫作棚的照片被發布在網路上，照片中有一張簡單的書桌、一本筆記本和一副用來觀察野生動植物的望遠鏡。[34]對於一個運用近距離觀察為黑暗場景注入自然主義色彩的作家來說，這樣的設置合情合理。丹・布朗（Dan Brown）則將他從《達文西密碼》（*Da Vinci Code*）獲得的財富，投資在新罕布夏州拉伊海灘（Rye Beach）的一棟濱海訂製住宅，這間房子充滿了你會料想在他的暢銷驚悚小說中遇到的哥德式場景：[35]按下藏在圖書室的一個按鈕，書架就會向兩旁打開，露出裡面的陳列櫃；觸摸客廳某幅畫的一角，就會出現通往密室的入口；浴室門內側用達文西筆記本的一頁進行裝飾，紙上的文字按達文西的習慣倒過來寫，以掩藏其內容。不過，關上門以後，你可以透過浴室鏡子的倒影來破解這段文字。你和我可能會覺得這樣的房子既浮誇又令人心神不寧，但是，如果你是靠撰寫以荒誕神祕的陰謀為主軸的驚悚小說維生，這可能正是你找到節奏所需的環境。

只需要一點創意，同樣的原則也可以運用到許多非寫作的行業中，得到類似的效果：廣告主管可能會從電視劇《廣告狂人》（*Mad Men*）的復古風辦公室裝修找到靈感；音樂總監可能會在辦公室裡擺滿樂器；工程師可能會著重於半組裝的小裝置。法蘭西斯・柯波拉有一個長期的習慣，多年來始終在他的各個製片辦公室擺放烙鐵、開關和二極體。[36]他從小就喜歡修補各種小型電子裝置，認為這些工具的存在可以幫助他維持初衷，牢記從零開始打造事物的根本重要性。每當我見到一個毫無特色的住家辦公室，裡面擺著白色書櫃、從辦公用品店買來的掛飾，我都會忍不住想，住在裡面的人可以用什麼方法將環境改造得更適合它所支持的工作？

陌生比美觀好

一九六〇年代末，作家彼得・本奇利和妻子溫蒂試著在紐約市附近找一個安靜的住處。他們考慮過紐澤西州的普林斯頓，但負擔不起，只好再往西八英里，選擇定居在彭寧頓（Pennington）小鎮。本奇利就是在這裡開始寫他的第一部小說——一個關於一頭大白鯊嚇壞了濱海小鎮的聳人聽聞的故事。我很久以前就知道《大白鯊》和彭寧頓之間的關聯，因為我就是在同一條街上長大的，離本奇利夫婦買下的房子不遠。那是一棟典型的馬廄改建房，占地很廣，四周環繞著針葉樹。小時候，當我在閣樓臥室寫作業，有時會想像本奇利曾經一邊眺望街尾的某一片草坪，一邊精心寫下他的經典場景。

直到最近，我才失望地得知，本奇利其實不是在他那田園詩般的彭寧頓家中寫出《大白鯊》。正如約翰·麥克菲於二〇二一年在《紐約客》發表的一篇文章所揭露的，他記得那些年，本奇利是在一家火爐廠後面租了一個空間工作。[37]經過一番調查，再加上霍普韋爾山谷歷史學會（Hopewell Valley Historical Society）的幫助，我查明那家工廠是彭寧頓火爐器材公司（Pennington Furnace Supply, Inc.），位於布魯克賽德大道

（Brookside Avenue），就在彭寧頓大街的北端。後來被問及此事時，溫蒂．本奇利還記得那裡的噪音：「他有一張桌子，就在他們製造火爐的地方的正中間，」她說，「砰！砰！砰！——而他不以為意。」

本奇利並不是唯一一個放棄迷人的家，轉而在客觀條件較差的環境工作的作家。例如，瑪雅．安吉羅會租旅館房間來寫作，要求工作人員撤掉牆上的所有裝飾品，每天只有為了倒垃圾才能進來房間。她會在清晨六點半帶著聖經、一疊黃色便箋紙和一瓶雪利酒抵達。不需要書桌；她寧可趴在床上工作。有一次，她在採訪中對喬治．普林普頓（George Plimpton）解釋說，這個習慣讓她的一隻手肘「長滿老繭」。大衛．麥卡勒（David McCullough）以前住在瑪莎葡萄園島西蒂斯伯里（West Tisbury）的一棟漂亮白色木瓦房子。住所裡有一間裝修豪華、設備齊全的家庭辦公室，但麥卡勒更偏愛在後院一間華美的花園棚屋裡寫作。約翰．史坦貝克（John Steinbeck）做得更過火。事業生涯晚期，他總在薩格港（Sag Harbor）一個占地兩英畝的莊園渡暑。史坦貝克告訴他的文學經紀人伊莉莎白．歐提斯（Elizabeth Otis），他會逃離這座濱海天堂，轉而在他的漁船上寫作，把筆記本放在可攜式書桌上，試著保持平衡。

我最初是在二〇二一年春天發表的一篇文章中，談起這些古怪寫作空間的故事。[38]當時，新冠疫情已過了緊急的急性階段，企業界開始思考遠距工作是否可能成為常態，而不僅僅是對公衛危機的短期回應。我之所以寫這篇文章，是為了警示後者這種可能性。從某種意義上來說，職業作家是最早的遠距工作者。我注意到，當你研究他們的習慣，你會發現他們往往想方設法地尋找某個地方——**任何地方**——以便在自己家裡以外的地方工作。即使那意味著要忍受火爐修理店鏗鏘作響的鐵鎚聲。

問題在於，家裡充滿了熟悉的東西，而熟悉的東西會捕捉我們的注意力，擾亂清晰思考所需的神經元微妙舞動。即使我們想將注意力維持在需要完成的緊迫工作上，當我們經過住家辦公室（亦即臥室）外面的洗衣籃，我們的大腦還是會轉向家務情境，這種現象是大腦的聯想本能所致。由於洗衣籃囊括在一個由待辦家務所構成的厚重、帶來壓力的矩陣中，造成神經科學家丹尼爾・列維廷（Daniel Levitin）所描述的「神經節點試圖進入意識，導致交通堵塞」。在這種情況下，工作會磕磕絆絆，成了引發壓力的眾多需求之一。

這就是本奇利躲進火爐廠，而麥卡勒躲進花園棚屋的原因。他們在尋求一個更有利的精神空間來進行有意義的工作。藉由鎮定他們的關聯性記憶系統，他們可以放慢時間感，讓注意力更完整地圍繞著單一目標。關於這些觀察，很重要的一點是，住家以外的工作空間是美是醜，其實並不重要。瑪麗・奧利弗可能在風景如畫的新英格蘭森林中漫步時找到了深度，但瑪雅・安吉羅在毫無特色的廉價旅館也得到了類似效果。重點是要跟熟悉的事物切割開來。有助於專注創作的堡壘不必是真正的宮殿——只要沒有洗衣籃就好。

在我那篇二〇二一年的文章中，我以這些觀察為論據，主張將遠距工作和在家工作區分開來。我建議，如果企業想要關閉核心辦公室，應該重新投資省下來的經費，幫助員工找到在家**附近**工作的地方。藉由讓員工從熟悉事物的羈絆中解脫出來，整體的生產力和滿意度都會提升。我要說的是，在你嘗試為自己創造更詩意的工作環境時，要牢記類似的道理。陌生是一股強大的力量，即便它可能並不美觀。在尋找工作地點時，要小心過於熟悉的環境。

儀式應有震撼力

古希臘的神祕祭禮常常被人誤解。正如凱倫・阿姆斯壯（Karen Armstrong）在她二〇〇九年出版的巨著《為神而辯》（*The Case for God*）中所解釋的，公元前六世紀建立的神祕儀式「既不是模糊地放棄了理性，也不是自我放縱地沉湎於胡言亂語」。[39] 相反地，它們經過精心設計，旨在讓執行儀式的「入門啟蒙者」（mystai）產生特定心理效應。

舉例來說，每年在雅典以西的厄琉息斯鎮（Eleusis）舉行的厄琉息斯祕儀，就是為了紀念女神狄蜜特（Demeter）前往厄琉息斯尋找她的女兒普西芬妮（Persephone）。阿姆斯壯指出，厄琉息斯很有可能自新石器時代起就是某種秋季節慶的舉辦地，但直到西元六世紀，鎮上才蓋了一座宏偉的新祭祀大廳，以提供更正式、更震撼的體驗。每年秋天都會有一批新的入門啟蒙者自願參與祭儀，他們首先在雅典禁食兩天，然後獻祭一頭小豬以紀念普西芬妮，並開始步行約二十英里前往厄琉息斯。前一年參與祭儀的入門啟蒙者會加入新入會者的旅程，一邊騷擾和威脅他們，一邊反覆呼喚酒神戴歐尼修斯（Dionysus），正如阿姆斯壯所寫的，目的是最終「將人群推向瘋狂的激情」。[40]當終於在入夜後抵達厄琉息斯，既疲憊又焦慮的新入會者，會在火把的指引下穿過大街小巷，導致迷失感愈加強烈，最後才被趕進一片漆黑的入會大廳。

大廳內的儀式是祕密進行的，所以我們對儀式的細節只有零星的認識和推測，其中很可能有動物獻祭和神祕啟示。阿姆斯壯認為可能還包括一起「驚人的事件」，例如一個孩子即將被推入火中，最後卻在千鈞一髮之際獲救——凡此種種都在黑暗和光明交替、有著閃閃火光和非自然聲音的背景下進行。根據一些報導，這些活動以描繪普西芬妮從冥界歸來並與母親團聚的生動場景，「歡樂地」達到了高潮。

正如阿姆斯壯所解釋的，厄琉息斯祕儀的宗旨，並不是為了傳達要求新入會者相信的理性教條。如果你寫下整個儀式的描述，從客觀角度來看，儀式似乎既愚蠢又隨意。然而，這些神祕儀式的重點在於其引發的心理狀態。許多參與者表示，儀式結束之後，他們不再懼怕死亡。有些人將這種體驗形容為神靈附體。「亞里斯多德後來在關於宗教過程的精彩總結中明確指出，新入會者去厄琉息斯不是為了學習什麼，」阿姆斯壯總結道，「而是為了獲得體驗並徹底改變心靈。」41

在這段關於古希臘神祕祭禮的描述中，我們學到對所有儀式都很重要的一件事：儀式的力量不在於活動的具體內容，而在於這些活動對心靈的改造效果。越驚人、越引人注目的行為，越有機會帶來有益的變化。瑪麗·奧利弗漫長的林間散步就是一個很好的案例，隨著她走的路越長、越走進牽動她許多情緒定位點的森林深處，她的精神狀態也變得更純淨、更靈敏。可想而知，假如她只是坐在樹林邊緣，所受的影響可能會比較弱。要激發她的創造力，漫長的散步儀式和周遭環境一樣不可或缺。

有眾多充滿詩意的儀式可供選擇。在《創作者的日常生活》中，梅森．柯瑞列出了數十位偉大思想家和創作者所建立的各式各樣古怪的、改變思維的日常作息。大衛．林區（David Lynch）會在鮑勃的大男孩（Bob's Big Boy）餐廳點一杯大杯巧克力奶昔，[42]然後利用攝取大量糖分而導致的亢奮，從潛意識提取一個又一個靈感，通常會草草寫在餐巾紙上。魏斯（N. C. Wyeth）會在清晨五點起床砍柴，勞動一個多鐘頭後，再步行前往山上的工作室。[43]安．萊絲（Anne Rice）寫《夜訪吸血鬼》（*Interview with the Vampire*）時，主要是晚上工作、白天補眠——寧靜的黑暗讓她能進入創作哥德風故事的適當狀態。[44]葛楚．史坦（Gertrude Stein）住在法國鄉下的艾因村（Ain）附近時，會在上午十點起床，喝杯咖啡，然後在超大型浴缸泡個澡。[45]穿好衣服後，她會跟她的伴侶愛麗絲．托克勒斯（Alice B. Toklas）開車穿過周圍的鄉村，尋找吉利的工作地點。一旦找到這樣一個地方，史坦就會安坐在一張小摺椅上，拿起鉛筆和紙開始寫作。

在此，我的建議分為兩部分。首先，圍繞你認為最重要的工作，形成專屬於你自己的個人化儀式。其次，在這麼做時，確保你的儀式足夠異乎尋常，可以有效地讓你的精神進入更有助於實現目標的狀態。第二條生產力原則要求你以更自然的步調工作。以關於儀式的建議來結束本章是很合適的，因為沒有什麼策略比為你的工作增添一點詩意的神祕感，更能有效地改變你對時間的感知，讓你的體驗遠離焦慮、走向更美好的自然境界。

Chapter

5

執著於品質

慢速生產力的第三條原則

一九九〇年代初，太平洋灘（Pacific Beach）附近的一條小街開始出現一個不尋常的景象。這裡是聖地牙哥的衝浪勝地，深受長板衝浪者歡迎。每週四晚上，一群人會聚集在內心變化咖啡館（Inner Change Coffeehouse）。一開始沒幾個人，幾星期過去，人越來越多，直到塞爆了咖啡館的有限空間。溢出的人群擠在咖啡館外的人行道上，透過店面的平板玻璃窗，聆聽一組小型喇叭從店內傳來的音樂。

引來人潮的是一位十九歲創作型歌手，她僅以自己的單名面世：珠兒（Jewel）。當時，珠兒以車為家，靠著打零工、在聖地牙哥海濱沿街賣藝勉強度日。她的生存危在旦夕。在內心變化咖啡館成功演出前不久，她發現自己得了腎炎，在醫院急診室外的汽車後座上發燒嘔吐，但因為沒有保險，被醫院拒於門外。一位醫生目睹了這一幕，他在停車場發現了她，免費給她一個療程的抗生素——這可能救了她一命。

這段期間，讓珠兒得以活下去的，是她獨自在舞台上以吉他彈唱出史詩般民謠歌曲的能力，這是她用大半生培養的技能。小時候，珠兒的父母在阿拉斯加州安克拉治（Anchorage）的各個觀光飯店演出。珠兒五歲起開始跟父母一起上台表演，[1]穿著手工製作的瑞士服飾唱出約德爾（yodel）山歌（她的祖父母是從瑞士遷居阿拉斯加的移民）。她堅持不懈地練習，終於掌握了約德爾歌唱技巧，這為她提供了控制嗓音的基礎，在日後的事業生涯中發揮了巨大作用。

珠兒的爸媽在她八歲時離婚。媽媽走了，留下爸爸獨自撫養子女。他回到位於阿拉斯加州侯墨（Homer）外圍的自家家園，這裡是捕撈大比目魚的漁業中樞。很快地，一家人僅靠音樂收入維持生計，珠兒接替了媽媽的角色，為爸爸和聲，哥哥則負責控制混音器。在豪華飯店演出的日子已一去不返，他們一家現在轉而在「嘈雜的小酒館、點唱機店、餐館、伐木工人出沒的地方和老兵酒吧」進行漫長的表演。[2]

珠兒記得自己最喜歡摩托車手酒吧，因為那些頭髮灰白的男人和他們的強悍妻子會保護她。

珠兒接下來的童年生活漂泊不定，她輾轉於侯墨和安克拉治之間，繼續跟著父親在全州各地巡迴演出。他們到過大城市，也曾深入內陸的邊遠地區，有一次還在與世隔絕的因紐特（Inuit）村莊上演一段令人難忘的節目。十幾歲的珠兒獨自住在一間小木屋，而且信不信由你，她會騎馬去鎮上打工（她還沒有駕照）。她遇到了一位名叫喬的舞蹈教練，他當時正在侯墨舉辦為期兩週的培訓班。原來，喬也是聲譽卓著的英特洛肯藝術學院（Interlochen Arts Academy）的老師，這所學校位於密西根州特拉弗斯城（Traverse City）郊區，坐落在一片花木扶疏的一千兩百畝土地上。在童年馬拉松式表演的磨練下，珠兒的嗓音由青澀轉向成熟，喬為之印象深刻，因此幫助她完成了英特洛肯的申請手續和甄選過程。珠兒被錄取了，但她花了一些時間才適應了新的文化：到校不久後，她就被叫到院長辦公室，被告知腿上綁著剝皮刀在校園裡走動是不合宜的。

珠兒在英特洛肯接受專業的聲樂訓練，更廣泛地說，她第一次接觸到將藝術當成嚴肅工作的態度。或許同樣重要的是，她也在此一時期開始寫歌。由於負擔不起在學校放假期間回阿拉斯加的費用，她開始在教室不開門的日子裡帶著吉他搭便車。正是在這些旅途中，她利用沿途的風景和聲音尋找靈感，寫出了〈誰來拯救你的靈魂〉（*Who Will Save Your Soul*）和〈你為我而生〉（*You Were Meant for Me*）等歌曲的早期版本。

畢業後，珠兒再度四處流浪，最後來到母親定居的聖地牙哥。她們一起住了一段時間，最終因為付不起房貸而失去了房子。珠兒就是在這時開始以車為家，停靠在離太平洋灘不遠的一株漂亮花樹旁。一天下午，正當她步行回到車子的停泊地時，偶然發現似乎已風光不再的內心變化咖啡館。珠兒向咖啡館老闆南茜自我介紹，她們聊了幾句，南茜透露她打算關掉陷入困境的生意。珠兒一時興起，跟她提了一筆交易：

「妳可以再撐兩個月嗎？」珠兒問。[3]

「為什麼？」南茜回答。

「如果我把客人吸引上門，我可以留下門票錢嗎？妳可以保留賣咖啡和餐點的所有收入，我們一起努力。」

南茜同意了這項計畫，珠兒帶著吉他到聖地牙哥海邊為節目進行宣傳。當人們駐足聽她唱歌，她會請他們星期四晚上到內心變化咖啡館看她表演。在咖啡館的首次演出，珠兒只成功說服少數幾個衝浪玩家進場。寥寥無幾的觀眾並不妨礙珠兒「掏心掏肺」。[4]她回憶道：

這些人進來的時候，我就這麼敞開心扉，傾訴衷腸。我毫無保留。而他們喜歡我。我知道這聽起來很膚淺，但事實並非如此。這是最眞的我……赤裸裸的。觀眾哭了，我也哭了。那是非常眞實的情感交流。我此生第一次和人們產生眞正有意義的交流。這並不可怕，感覺很好。

珠兒此前的人生一直由才華與痛苦兩股力量所纏繞塑造。當她決定坦露自己的靈魂，成果是真實而直白的，而且令大多數人為之驚嘆。口碑迅速傳開。第一場表演可能只吸引了兩、三個衝浪玩家前來觀賞，但觀眾人數開始一星期、一星期地翻倍增長。僅僅六個月的時間，粉絲就擠滿了咖啡館外的人行道。不久後，唱片公司高層主管開始搭著豪華禮賓車，前來聆聽這位引發轟動的年輕人唱歌。「每家唱片公司都來了，無一例外，」珠兒回憶道。[5]然後，他們開始請她搭飛機去各個高檔辦公室開會。一場競標戰爆發了，放在檯面上討論的簽約金最後飆到了**一百萬美元**。

正是珠兒此時所做的一個舉動，使她的故事跟我們關於慢速生產力的討論產生了關聯。生命的這個巨大轉折令她不知所措——既想要一展長才，又感到恐懼。於是，她做出了一個意想不到的決定。她願意簽約，但不想要錢。「我拒絕了預付款，」她回憶道，「作為一個無家可歸的孩子，我居然拒絕了一百萬美元的簽約金。」[6]

剛開始在內心變化咖啡館引發關注時，珠兒還沒有經紀人或律師。唱片公司高層在她週四晚上的演出後帶她出去吃飯，這讓她感到害怕，於是她上圖書館找了一本書，名為《關於音樂產業你需要知道的一切》（*All You Need to Know About the Music Business*）。她就是透過這本書得知，簽約金其實是必須用收入償還的一筆貸款。珠兒很快算了一下，發現唱片公司若想回收一百萬美元的簽約金，她必須立刻賣出大量唱片。鑒於當時油漬搖滾（grunge）當道，而她是個民謠歌手，這一點似乎不大可能。況且，她的職業歌手生涯還不到一年，其中大部分時間都是在同一家咖啡館裡演出。

「我必須將自己放在能夠以創作歌手的身分取勝的環境與位置，」她回憶當時的想法，而要做到這一點，方法就是價格低廉。[7] 珠兒推想，如果她沒有讓唱片公司花太多錢，他們就比較不會在她沒有一炮而紅時拋棄她。這進而讓她可以自由地磨練自己的技藝，追求新穎而獨特的音樂。「我之所以這麼做，只是為了讓自己能夠以音樂為先，」[8]她後來解釋說，「不過度榨取我的音樂。」[9]她用一句格言來說明她刻意而為的做法：「扎實的木頭長得慢。」

這種重視品質勝過快速回報的態度，在她選擇製作人時變得益發明顯。她的唱片公司大西洋唱片（Atlantic Records），提出了二十個不同人選供珠兒考慮，其中很多都是業界炙手可熱的人物，以製作流行金曲的能力而備受重視。然而，珠兒追求的是不一樣的東西：一種更原始、更真實的聲音，所以她拒絕了全部二十個選擇。大約同一時期，珠兒和她的經紀人正在聽尼爾．楊（Neil Young）的《豐饒之月》（*Harvest Moon*），她意識到這就是她想要的聲音。他們翻到CD的背面，看見製作人的名字：班．基斯（Ben Keith）。珠兒請經紀人打電話給基斯，問他是否願意一起製作專輯。他同意了。珠兒離開了喧囂的洛杉磯，在尼爾．楊位於北加州的牧場待了幾星期，與他眾星雲集的伴奏樂團流浪鱷魚（Stray Gators）一起錄製她的專輯曲目。

當珠兒的首張專輯《破碎的你》（*Pieces of You*）終於在一九九五年發行，市場反應冷淡。「電台討厭我，他們討厭我，討厭得厲害，」珠兒解釋道，「我的意思是，想像一下超脫樂團（Nirvana）和聲音花園樂團（Soundgarden），然後你聽到一首像〈你為我而生〉這樣的歌，你的反應會是，『不』。」[10]但由於她沒有花唱片公司太多錢來支持，所以他們並沒有拋棄她。這讓珠兒可以集中精力，透過巡迴演出建立粉絲群。她開始馬不停蹄地巡演，擔起了她所說的「巨大工作量」。[11]珠兒忠於自己的計畫，將開支壓得很低。她沒有使用巡演巴士和巡演經紀人，而是租了一輛車子省吃儉用地旅行，並在沒有樂隊伴奏的情況下表演。她甚至一度加入一個名為「地球果醬」（Earth Jam）的團體，只要她同意參加他們白天為當地高中舉辦的環保活動，他們就會免費接送她到晚上的演出地點。[12]

由於銷量持續低迷，珠兒面臨越來越大的壓力，要求她轉向更迎合市場的風格。有一度，她躲進紐約伍茲塔克的一間錄音室，開始錄製第二張專輯，主打更尖銳、更煩躁的歌詞，更符合那個時代受油漬搖滾所啟發的另類音樂。她還同意了唱片公司的計畫，讓因製作麗莎・洛普（Lisa Loeb）的熱門單曲〈留下來〉（*Stay*）而出名的當紅製作人胡安・帕蒂尼奧（Juan Patiño）將〈你為我而生〉重新剪輯成節奏更快、更流行的風格。（「我討厭它」是珠兒暗自對帕蒂尼奧版本的反應。）幸運的是，就在她經受這些誘惑的時刻，尼爾・楊打電話邀請珠兒為他和狂馬合唱團（Crazy Horse）正在進行的巡迴演唱會開場。站在台下等待開演的時候，楊注意到珠兒的焦慮，他問她怎麼了。她坦白說出她感受到的種種壓力。對此，他給了她一句重要的忠告：「永遠不要為電台創作。永遠不要。」13

珠兒聽了楊的勸告，重新回歸她放慢腳步、注重品質的計畫。她放棄完成了一半的第二張專輯，將帕蒂尼奧版的〈你為我而生〉束之高閣。她轉而加倍努力進行巡演，將重點放在大學校園和大學電台。這項策略終於開始見效，她的首支單曲〈誰來拯救你的靈魂〉短暫擠進了排行榜。接著，她運用從密集巡演學到的一切，將〈你為我而生〉剪成一個更新、更好的版本。她覺得自己在原版中太緊張了，那是她職業生涯早期在尼爾・楊的牧場錄製的，歌聲流露出她與樂隊一起表演的不自在。她的新版本更鬆弛、更有感情，並由她的多年好友、嗆辣紅椒（Red Hot Chili Peppers）的「跳蚤」（Flea）擔任貝斯手。專輯的銷售動了起來，然後銷量逐漸上升。在她為〈你為我而生〉發布一段撩人的影片後，銷量一飛衝天。專輯銷量從第一年只賣出幾千張，上升到每月近百萬張。「太驚人了，」珠兒回憶道，「地底的一顆小雪球抓到了足夠的勢頭，改變了潮流。」[14]扎實的木頭長得慢。

珠兒將藝術置於名氣之上的策略，為慢速生產力的第三條、也是最後一條原則——執著於品質，提供了一個很好的範例。正如下面的定義，當你集中心力創作出最好的作品，一種更人性化的緩慢步調將成為必然：

原則3：執著於品質

執著於成果的品質，即便這意味著短期內錯失良機。運用這些成果的價值，為你的長期工作獲取越來越多的自由。

本章接下來將揭示，珠兒的故事突顯了品質與慢速生產力之間的豐饒連結。品質有賴放慢速度。一旦取得高品質成果，它還能幫助你掌控自己的職業生活，為你提供進一步遠離忙碌所需的籌碼。在這些解釋性章節之後，我將提出兩項主張，並提供實用的建議，幫助你在自己的生活中注入對品質的執著。

我將這條原則放到最後是有道理的：它是實行慢速生產力的黏著劑。「少做一些事情」和「以自然的步調工作」都是這套理念的必要元素，但如果只執行前面兩項原則，而不伴隨對品質的執著，長期下來，它們可能只會破壞你和工作的關係，使專業工作成為你必須馴服的負擔。正是出於對工作成果的執著，「慢速」才會超越它原本的角色，從僅僅作為工作與生活之爭的荒蕪戰場上的另一套策略，變成一種不可或缺的規則——推動有意義的職業生活的引擎。

從唱片合約到電子郵件自由：
知識工作者為什麼應該執著於品質

對藝術家來說，品質的重要性顯而易見。珠兒很會唱歌，所以大西洋唱片公司開給她一百萬美元的簽約金。但是，當我們將目光轉向知識工作，其中的連結就變得模糊不清。我們大多數人都不會只做一件事（比如唱歌或演電影），並根據這件事來評估我們的專業表現。相反地，知識工作者必須兼顧許多不同目標。作為一名教授，我教課、申請補助經費、處理與現行經費相關的文書工作、指導學生、參加委員會、撰寫論文、出差展示這些論文，並努力將論文編寫成能夠發表的格式。當下看來，每一件事情似乎都很重要。這個產業的其他大多數工作也同樣如此多面。

然而，即使是在知識工作中，如果我們仔細觀察，往往會發現在我們繁忙的待辦事項清單上，藏著一兩項真正最重要的核心活動。例如，教授在進行升等評鑑時，占據我們日常工作的大部分事情都不在考量之列。最終的決定取決於來自知名學者的詳盡機密信件，這些信件詳述並論證了我們在專業領域上的研究有多少重要性和影響力。歸根結柢，傑出的研究論文對我們來說才是最重要的。如果我們沒有在學術專業領域上取得顯著成績，平常做得再苦再累，也救不了我們。其他知識工作也有類似的核心活動，蟄伏在忙得團團轉的工作之中。正如珠兒必須成為一名出色的歌手，平面設計師最終必須製作出有效的藝術作品，研發總監必須帶來進帳，行銷人員必須賣出商品，而管理者則必須領導一個運作順暢的團隊。

慢速生產力的第三條、也是最後一條原則，要求你執著於追求職業生活核心活動的品質。這裡的目標不是為了專精於工作而專精於工作（雖然這樣也不錯）。正如我接下來要主張的，你應該專注於工作成果的品質，因為事實證明，品質與我們逃離偽生產力並放慢腳步的願望之間，有一種意想不到的連結。

珠兒的故事最炫的部分，是唱片公司開給她的百萬美元簽約金。然而，對我們的目的而言，更重要的是她拒絕了這筆錢。正如之前說明的，她明白她需要將自己的藝術提升到更高的品質水準，才能支持她在音樂界長期發展。拒絕了這筆錢，使她對唱片公司而言物美價廉，為她爭取到了進步的時間。同樣的效應也適用於許多不同領域：對品質的執著往往要求你放慢腳步，因為「忙碌」與「變得更好所需的專注程度」根本互不相容。

以知識工作來說，品質有賴放慢腳步的最著名例子，也許是史蒂夫．賈伯斯（Steve Jobs）重返蘋果公司後的成功表現。一九九七年，當賈伯斯開始擔任臨時執行長，公司剛剛結束了銷售額下跌三〇%的一個季度。賈伯斯很快判斷出，蘋果的問題在於產品線太雜。（為了滿足零售商的要求，公司針對其核心電腦商品開發了許多不同版本，其中包括十幾款曾經令他們引以為傲的麥金塔電腦。）據賈伯斯的傳記作者華特．艾薩克森（Walter Isaacson）所說，賈伯斯向管理高層提出一個簡單的問題：「我應該推薦我的朋友買哪幾款？」[15]當他們無法給出明確答案，他便決定精簡產品線，僅留下四種電腦：適合企業用戶的桌上型電腦和筆記型電腦，以及適合一般用戶的桌上型電腦和筆記型電腦。這樣你就不會搞不清楚哪一款蘋果電腦適合你了。

同樣重要的是，產品線的簡化讓蘋果可以將心力集中在品質和創新上，使其為數不多的產品脫穎而出。例如，蘋果公司色彩絢麗、圓圓胖胖的iMac以及奇形怪狀的iBook蚌殼機，就是在此一時期推出的。放棄複雜以換取品質的決定奏效了。在賈伯斯的第一個財政年度，他的計畫仍在執行中時，蘋果虧損了十億美元以上。第二年則轉虧為盈，獲利三億九百萬美元。「決定不做什麼跟決定做什麼一樣重要，」賈伯斯解釋道。[16]

品質與放慢腳步之間的關係，也同樣存在於規模較小的範疇上。在我的讀者問卷調查中，許多個案發現追求品質有賴簡單化。例如，一位名叫克里斯的顧問「大大提高」了團隊的客户工作品質，方法是將使用電子郵件的時間限制在早上一小時和傍晚半小時，同時規定團隊每天下午進行三小時的深度工作，不得開會、發送訊息或打電話。一位名叫艾比的研發總監對我說了一個類似的故事。她曾經「被無數個專案切割得零零碎碎」，這讓她筋疲力盡，所以在調到新職位後，她決定採用一個不同的策略：把精力集中在兩個主要目標上，不多也不少。這樣的清醒讓她得以擺脫狂熱而超載的忙碌。「牢記這兩個攸關大局的目標，幫助我弄清楚該拒絕什麼，以及如何調控自己的節奏，」她解釋說。一位名叫伯尼的非營利組織顧問也運用「定義明確的目標或願景」來放慢腳步，掌握工作重點。正如他所總結的，「比起在瘋狂的工作上疊加更多瘋狂的工作，每天做一點高品質工作，會產生更多且更令人滿意的成果。」

慢速生產力的第一條原則主張少做一些事情，因為工作超載既不人道，也不是安排工作的務實方法。然而，第三條原則對品質的追求，將簡化工作從一種選擇變成了絕對必要。一旦你決心做好一件事，忙碌會變得令人難以忍受。換句話說，第三條原則幫助你堅守第一條原則。然而，正如我們接下來會看到的，當我們回頭談談珠兒的故事，品質與少做一些事情之間的關係，還包含另一個更微妙的層面。

一九九八年，在首張專輯大獲成功之後，珠兒接著又出了第二張專輯《心靈對唱》（*Spirit*），在告示牌排行榜上位居第三，首週賣出三十五萬張以上。為了宣傳這張唱片，珠兒展開長達六個月的國際巡演。大約與此同時，她在李安執導的《與魔鬼共騎》（*Ride with the Devil*）中首度出演電影。逼迫她定居洛杉磯的壓力越來越大，在那裡，她可以在發行重大專輯之間的空檔，參與更多電影角色的試鏡。然而，就在運勢最旺的時刻，珠兒開始重新思索。「我不確定我是否喜歡事業生涯此刻的走向，」她在回憶錄中寫道，「它越變越大，成了一台吞噬我的機器。」[17] 珠兒決定放慢腳步，打破娛樂圈打鐵趁熱的邏輯。她沒有搬到洛杉磯，而是和當時的男友、牛仔競技騎手泰・莫瑞（Ty Murray）遷居德州的一座牧場，並解釋說，「我不需要變得更有錢或更出名。」她從此再也沒有踏上海外巡演之旅。

正如前面辯證過的，追求更高的品質需要你放慢腳步。在珠兒選擇離開平步青雲道路的故事中，我們調轉了這兩個概念之間的影響力箭頭。為了更清楚地說明我的意思，讓我們暫且離開國際巡迴演唱會這個高遠的世界，將目光轉向隱匿在溫哥華島溫帶雨林漫長路途盡頭的一棟簡樸現代風格住宅。我們在這裡找到了保羅・賈維斯（Paul Jarvis）。很難描述賈維斯到底靠什麼維生，只知道他的工作似乎會用到電腦螢幕，而且讓他有大量時間在戶外登山健行，或在花園中蒔花弄草。正如我們將要看到的，在某種意義上，這種神祕莫測正是重點所在。

我第一次接觸到賈維斯，是因為他的編輯寄了一本他在二〇一九年出版的著作《一人公司》（*Company of One*）給我。我被書中的大膽前提迷住了：不要擴展你的生意。他認為，如果你的創業行動有幸開始獲得成功，那就運用這項成功來獲取更多自由，而不是更多收入。一個簡單的思想實驗可以體現出這個情勢。想像你是一名網頁設計師，每小時收費五十美元。假設你每週工作四十小時，每年工作五十週，這相當於年薪十萬美元。現在想像以這種程度工作幾年後，你擁有了更多技能，市場對你的服務也出現了更強的需求。標準做法是擴大你的業務規模。如果你雇用多名設計師，你可以將生意擴大到每年進帳數百萬美元的地步，為你帶來遠超過十萬美元的年薪。如果繼續發展下去，你最後甚至可能擁有一家足以用七位數價格賣出的高價值企業。

賈維斯在書中請你想想另一種可能性。如果在你聲名遠播之後，你沒有擴大業務，而是將每小時的收費提高到一百美元，結果會如何？你現在可以維持同樣的十萬美元年薪，同時每年只工作二十五週——創造出極度自由的工作生活。當然，十年後能賺到一筆七位數的財富也很棒，但考慮到打造這種規模的企業所需承受的種種壓力與忙亂，很難說你最後的境況是否真的會比立刻把工作減少一半的情況更理想。

賈維斯的哲學反映在他為自身職業生涯所做的決策上。他在大學主修資訊工程，但也對視覺設計有著本能的感知能力。在一九九〇年代的第一次網際網路熱潮中，這兩項技能被證明是完美的組合，有助於在網站設計這個新興媒體上取得成功。賈維斯自己製作了幾個引人注目的網站，很快便得到好幾份工作的邀約。不久後，他成了一名忙碌的網頁設計師，定居溫哥華市中心，住在「半空中的玻璃方塊」裡。[18]他感受到把小公司做得更大的常見壓力：更多的收入，意味著更好的公寓和更高的聲望。然而，儘管他越來越大的本事可以支持他走上這條常見的事業道路，他的心卻不在這裡。「我太太跟我受夠了城市生活，」他在二〇一六年的一次訪談中回憶道，「我們已在你死我活的競爭中付出了足夠的人生，想要嘗試一些不一樣的東西。」[19]他們意識到他的自由設計工作可以在任何一個有網路的地方完成，於是搬到了溫哥華島的太平洋海濱，住在托菲諾（Tofino）郊外的樹林裡，讓熱愛衝浪的妻子可以享受這個寧靜小鎮的著名衝浪點。

正如他們發現的，住在溫哥華島的森林裡，節儉變得很容易，因為沒有太多機會花錢。「當你住在邊遠地區，沒有人幫你做事，所以很多事情必須自己動手，」賈維斯解釋說。[20]由於不再需要增加收入以維持城市的開支，賈維斯運用自己不斷增強的本事來保持工作的彈性與克制。一開始，他以自由設計的合約為主。由於他很搶手，他可以保持較高的時薪和較少的工作數量。最後，由於厭倦了截止期限以及和客戶的交流，他開始探索如何進一步運用自己著名的能力和聲譽，實現甚至更緩慢的生活。他開始嘗試在線上開課，傳授與自由工作族群相關的各種小眾主題。他還開始主持兩個播客，並將重心轉向低調推出以小眾市場為目標的軟體工具，包括最近推出的Fathom Analytics，這是Google Analytics的替代品，可以更好地保護用戶的隱私。

很難詳盡列出賈維斯近年來做過的所有事情，因為他的各種想法似乎來來去去，留下一長串失效的網址和過時的網站。當然，對於一個不打算創造下一個微軟，只想追求**剛剛好**的工作來滿足好奇心並支持緩慢、便宜生活方式的人來說，這正是你能料想到的情況。「我通常日出即起，從來沒用過鬧鐘，」賈維斯解釋說，「我一邊煮咖啡，一邊站在窗前看著野兔嬉戲、蜂鳥嗡嗡飛過，以及偶爾到訪的狡猾浣熊試圖破壞我的花園。」21

珠兒和保羅．賈維斯都在他們的事業生涯中得到了類似心得。市場並不關心你個人對於放慢腳步的興趣。如果你想對自己的行程表有更多的掌控，你需要拿出一些東西作為交換。很多時候，最好的籌碼就是你自己的能力。賈維斯的故事之所以如此鼓舞人心，就是因為他證明了若要享受「執著」於品質的好處，並不一定需要一輩子蒙起眼睛追求巨星地位。賈維斯並沒有賣出一千五百萬張唱片；相反地，隨著時間的推移，他越來越擅長於某些核心技能，這些技能在他從事的特定領域中既稀有又珍貴，只要妥善運用，便足以令他的職業生活變得簡單許多。我們已經習慣接受「變得更好的唯一回報就是加薪升職」的想法，以致忘記了追求品質的成果，也可以用一種更能永續發展的生活方式來收割。

現在，我們已經詳細介紹了對品質的執著是如何以兩種互補的方式駁斥偽生產力：它既**要求**緩慢，也**促成**了緩慢。在這些現實的激勵下，接下來的主張將幫助你重建工作生活，將重心放在更出色地完成核心事務。這些主張亦將引導你更好地運用由此帶來的簡化機會。在你思索這些更具體的建議時，請記住顧問克里斯將會議和電子郵件從上班日的核心工作中剔除的例子，或者保羅．賈維斯漫步在綠樹成蔭的小徑，走向他在托菲諾家中的廣闊花園。執著於品質不僅僅是為了得到更好的工作表現。對於那些有興趣採用慢速生產力的人來說，這更是一種祕密武器。

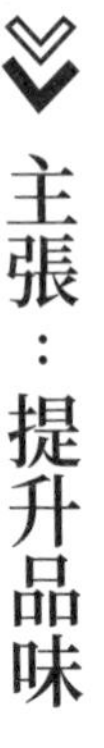

主張：提升品味

關於如何創造高品質的作品，一個比較務實的言論，來自頗具影響力的全國公共廣播電台節目《美國生活》（*This American Life*）的創作者兼主持人艾拉．格拉斯（Ira Glass）。格拉斯的一段關於廣播節目製作與敘事的訪談，已在網路上被廣泛分享，在這段訪談中，格拉斯提出以下建議：

> 我們做創意工作的每一個人，都是因爲有品味才進了這一行……但彷彿存在一個差距。在你從事創作的最初幾年裡，情況並不是太好……還不盡理想……。如果你才剛剛起步，正要進入這個階段，你要知道這十分正常，而你所能做的最重要的事，就是大量創作……。給自己設定一個期限，好讓自己知道每星期或每個月都要寫完一篇故事……。唯有確實完成大量作品，你才能眞正迎頭趕上、縮小那個差距，你的作品才能配得上你的遠大抱負。[22]

格拉斯正確指出「品味」在達成品質方面的關鍵地位。創作行為可以分解為一連串自然爆發的新可能性，然後根據我們對何者可行、何者不可行的不可名狀的理解——我們稱之為品味的本能直覺——進行篩檢。在《寫作課：一隻鳥接著一隻鳥寫就對了》（*Bird by Bird*）一書中，小說家安・拉莫特（Anne Lamott）優雅地捕捉到了這種創作節奏。「你發現自己回到書桌前，茫然地盯著昨天寫滿的書頁。而在第四頁，有一個段落生機盎然，充滿了氣味、聲響、語音和顏色，」她寫道，「你不在乎前面三頁，那些是你會扔掉的；你需要書寫它，以便進入第四頁去寫那個長長的段落。這個段落是你一開始想寫的東西，只是你當時不知道而已。」[23]在這個過程中，品味就像指南針，指引你在可能的創作景觀中攀上高峰，遠離低谷。

格拉斯在他的論述中，將焦點放在品味與能力之間經常存在的差距——尤其是在創作生涯的早期。他指出，學會辨別什麼是好的，比掌握達到這個標準所需的技能更容易。在保羅・湯瑪斯・安德森（Paul Thomas Anderson）執導的電影《不羈夜》

（*Boogie Nights*）中，我可以從一開場史詩般的三分鐘跟拍鏡頭看出箇中絕妙之處，但我自己毫無概念如何拍出這麼精采的作品。[24]這樣的現實暗藏著一種根本性的挫敗感。你的品味可以引導你創造出你當下能力所及的最佳作品，但也可能讓你對最終成果感到失望。格拉斯認為，正是由於我們渴望消除這種脆弱的自我評價，渴望縮小我們在品味與能力之間的距離，進步才會出現。他勸告那些剛剛展開事業生涯的人持續投入工作，因為唯有透過這種刻意的努力，才能縮小品味與能力之間的差距。

這些都是很實在的建議，但它漏掉了一個同樣關鍵的要素：一開始對品味的培養。他說：「我們做創意工作的每一個人，都是因為有品味才進了這一行。」但是，這種對美的鑑賞能力究竟來自哪裡？在其他的採訪中，格拉斯有時會談起他對自己早期電台節目的品質低下感到失望。例如，二〇一二年在麥可・路易士（Michael Lewis）的播客節目中，格拉斯剖析了他在一九八六年針對奧利奧（Oreo）餅乾七十五週年慶所錄製的廣播報導。他告訴路易士，這段報導「平庸至極」、「不是一個了不起的故事」。乍聽之下，這似乎是一個很好的實例，說明了格拉斯認為所有創意人都必須克服品味與能力之間的差距。但隨著他與路易士的對話繼續進行，顯然，格拉斯在錄製的當下不見得有意識到那段報導的不足。「我記得當我錄完節目，我感覺像是，好吧，我終於搞懂了，我終於知道自己在做什麼了，」他回憶道。[25]

我們在此看到的，是關於創造高品質作品的一個更微妙的故事。比起一九八六年，二〇二二年的格拉斯更有品味。他的成功不僅來自他對達到自身高標準的渴望，也來自他長年為**提高**標準所付出的努力。回到小說家的例子，我們發現這項現實反映在備受讚譽的新銳作家普遍擁有藝術創作碩士（MFA）背景的事實上。例如，我研究了（在我撰寫本章之際）最新的筆會海明威小說處女作獎（PEN/ Hemingway Award for Debut Novel）——這是文學小說界的一項殊榮——五位入圍者的生平。在這五位入圍者中，有四人在發表獲獎作品之前就讀或任教於藝術創作碩士學程。[26] 藝術創作碩士學程的力量並不在於明確的寫作指導（這種指導聊勝於無），而在於它為成長中的小說家提供了一個菁英社群。當你花兩年時間閱讀、批判和欣賞其他年輕作家的作品，看著他們將自己的散文推向新的、有趣的方向，你對寫作所能達到的標準就會變得更敏銳。當然，要在文學上取得成功，你不見得要攻讀藝術創作碩士。例如，科爾森．懷特黑德（Colson Whitehead）無疑是同輩中最有才華的小說家之一，但他取得學士學位之後就沒有繼續深造。然而，藝術創作碩士學程在成功作家之間如此普遍是有原因的：它為建立文學品味提供了一個有效的訓練環境。

當我們把艾拉．格拉斯對品質的執著奉為圭臬時，我們往往忽略了首先建立自身內在篩檢標準的重要性。將焦點放在努力、動力和勤奮會更激勵人心；但如果你還沒有充分理解何謂傑作，那麼，再怎麼琢磨你的廣播節目或小說手稿也不會創造出傑作。這項主張便是企圖糾正此一疏漏。以下是幾個實用建議，旨在幫助你更好地理解你的專業領域的可能性。

成為電影迷

我最近為了提高寫作品質所做的一件最棒的事，就是看了昆汀．塔倫提諾（Quentin Tarantino）的電影《霸道横行》（*Reservoir Dogs*）。要了解這句話，有必要先明白我一直是個電影迷。在有孩子之前，我和太太幾乎看遍了每一部重大院線片。在還沒有網飛（Netflix）的時代，我們還看過在波士頓的獨立電影院上映的許多部有趣的紀錄片。不過，直到過了四十歲生日，我才覺得更系統化地研究電影藝術可能會很有趣。在我的著作《深度數位大掃除》（*Digital Minimalism*）中，我大篇幅地書寫了高品質休閒活動的重要性。直到我度過了那個不容忽視的中年生日，我才發現我並沒有遵從自己的建議。在教書和寫作的工作、父親的角色，以及用閱讀填滿剩餘閒暇時間的習慣之間，我並沒有任何可以稱為認真愛好的東西，所以我想，基於原有的興趣，我不妨嘗試研究電影。

我首先讀了一本關於電影理論的入門教科書，但發現幫助不大。它用抽象、簡化的術語談論有關剪輯和聲音之類的概念，可以作為某種詞彙表，供一般正規課程更高深的進階內容使用。接著，我嘗試閱讀羅傑・伊伯特（Roger Ebert）的《偉大的電影》（*The Great Movies*），這本書收錄了一百篇文章，談論這位得過普立茲獎的已故影評人認為具有開創性意義的一百部電影。這本書比較有效，因為它直接對具體的電影進行具體的讚美。塔倫提諾的散文集《電影狂想》（*Cinema Speculation*）也證明是一個重要的見解來源，可以說明好電影為什麼好，以及同樣重要的是，有趣的電影為什麼有趣。

不過，最有用的練習，就是乾脆挑一部備受好評的電影，閱讀關於它的六、七篇影評和文章，然後觀賞整部電影。我還發現一個更高明的變通做法，那就是在電影攝影雜誌或論壇上搜尋關於該電影的文章，因為這些文章通常包含對鏡頭和取景技巧的極細緻討論。例如，你是否知道在《瘋狂麥斯：憤怒道》（*Mad Max: Fury Road*）中，導演喬治・米勒（George Miller）和為了本片重出江湖的攝影師約翰・西爾（John Seale）刻意將每個鏡頭的焦點都放在畫面正中央？這雖然有違電影慣例，卻讓觀眾更容易看清快速剪輯的動作。[27]在攝影師瓦希・納德曼斯基（Vashi Nedomansky）寫的一篇文章中，我學到了這種中心構圖法，徹底改變我對米勒這部傑作的欣賞。

這又將話題帶回了《霸道橫行》，我的自學計畫不可避免地將我吸引到塔倫提諾的這部一九九二年經典電影。在經歷十年乏味、安全的好萊塢賣座片之後，獨立電影圈因這部片子而為之一振。當我讀到他的非線性敘事手法，以及對類型套路的重構時，我開始意識到，我對電影的研究正在影響我對寫作的思考。例如，我近期的大部分非小說類作品，往往採用了我非正式地稱為「聰明自助」（smart self-help）的風格，將標準的建言寫作的慣例——我在青春期和青年時期曾沉浸於這種寫作類型，對此有很深的感情——以及一般非虛構寫作中更為複雜的形式結合起來。這些類別的書籍大多落入一種或另一種套路：你要麼是史蒂芬・柯維（Stephen Covey），要麼是麥爾坎・葛拉威爾（Malcolm Gladwell）。我喜歡把他們混在一起。我沒有過多思考這個決定，只是覺得很自然。然而，透過研究塔倫提諾，我意識到，在追求更高的目標時，如果給予適當的正式關注，使用較少典型套路可以是一種強大的創意練習。電影與我的寫作生涯毫無關係，但研究電影擴大了我的寫作企圖心。

在這個案例中，電影並沒有什麼特別之處。比較重要的觀察是，沉浸於欣賞有別於自身專業的領域可能會帶來益處。直接研究自己專業領域的偉大作品可能會令人卻步不前，因為你已經對它了解太多。大師級作品與你目前能力之間的差距，會讓你感到沮喪。研究一個不相關的領域時，壓力會減輕，你可以用一種更愉悅的開放態度來對待這個話題。當我閱讀偉大的非小說類作家的作品，我常常發現自己用力捏著書本捏到指節發白，試圖找出他們所做而我沒有做到的事情。這很有幫助，但也很累人。相反地，當我研究偉大的電影，我可以毫無保留地樂在其中，並在過程中找到令人耳目一新的靈感。培養對品質的執著時，不妨在過程中考慮這一點。除了了解自己的領域，也務必關注其他領域的偉大傑作。在這裡，你可以找到更靈活的靈感泉源，讓你想起創作行為令你充滿興奮之情的初衷。

成立你自己的「吉光片羽社」

一九三〇年代中期，當時在牛津大學莫德林學院（Magdalen）英國文學系擔任教授的路易斯（C. S. Lewis）創辦了一個非正式的寫作和討論社團。他邀請朋友們參加，其中赫赫有名的，包括當時也在牛津任教的托爾金（J. R. R. Tolkien）。起初，他們大約每週在路易斯於莫德林的辦公室聚會一次，閱讀正在創作的作品，並討論他們的文學抱負。他們後來又增加一個傳統，每週找一個上午在牛津市中心一家名為「老鷹與小孩」（Eagle and Child）的酒館邊喝啤酒邊討論。他們自稱為「吉光片羽社」（Inklings）。

就是在這些聚會上，路易斯開始生出撰寫推想小說（speculative fiction）的興趣。

一九三八年，靠著這群人的鼓勵和指引，他出版了《來自寂靜的星球》（*Out of the Silent Planet*），這是一個關於太空旅行的故事，意圖矯正他和托爾金在當時早期科幻小說創作上發現的一些非人化趨勢。這是三部曲中的第一部，為他奠定將其小說企圖心轉向奇幻世界的基礎，最終促成了《納尼亞傳奇》（*Chronicles of Narnia*）系列的問世。托爾金本人也大量汲取這群人的回饋意見，幫助他塑造數量越來越多且彼此相關的虛構神話，在他的晚年，這些神話逐漸演變成了《魔戒》（*The Lord of the Rings*）。事實上，托爾金傳記作者雷蒙・愛德華茲（Raymond Edwards），將吉光片羽社形容為幫忙催生托爾金奇幻巨著的「部分助產士」。[28]

後來的評論家描述吉光片羽社是為了一個特殊使命而聚在一起，那就是反對現代主義，並引入使人們更容易理解基督教德行的奇幻敘事形式。但正如愛德華茲所說，這樣的分析「太嚴肅」也「太誇大」。如同他所闡述的，「首先得說，吉光片羽社就是路易斯的一群朋友……和大多數『作家』團體一樣，他們的主要功能是作為聽眾，去聆聽、評論和鼓勵。」[29]我們就是在此找到吉光片羽社可供借鑑之處。當你和其他擁有相近專業抱負的人聚在一起，團體的集體品味可能優於任何個人。這在一定程度上是因為不管在哪一個領域，人們採用的創作方法各有不同。當你把許多同行的意見結合起來，更多的可能性和細微差別就會出現。另外還有在人前表演所帶來的聚焦效應，當你想給別人留下深刻印象，或者想以有意義的方式為對話添加內容，你的思維會進入比獨自內省更敏捷的狀態。與一群志同道合、希望提升自我的專業人士組成一個團體，將為你提供一條提高品味的捷徑，讓你可以瞬間升級到自己所追求的品質標準。

購買高價筆記本

二〇一〇年春天，我剛開始進行資訊工程博士後研究的第一年，一時興起買了一本我在麻省理工學院書店看到的高檔實驗筆記本。它採用厚實、無酸、耐久品質的紙張，上頭印有淺色網格，並在右上角壓印大大的黑色頁碼。筆記本以耐用的雙線圈裝訂，並以厚紙板做封面。實驗室科學家認真看待這些筆記本。實驗及其結果的紀錄不僅可以讓他們的工作井井有條，也能在專利糾紛中作為關鍵證據。例如，亞歷山大・格拉漢姆・貝爾（Alexander Graham Bell）精心保存的實驗筆記本就發揮了關鍵作用，幫助他打贏與電話發明競爭對手以利沙・格雷（Elisha Gray）的專利糾紛。30

提高品質的代價是較高的花費。雖然我不記得我在二〇一〇年為那本筆記本付出的確切金額，但我記得那對當時的我而言是很大的一筆錢——大概五十美元左右。不過，這筆費用也是它吸引我的部分原因。我想，知道自己花了那麼多錢，會讓我更謹慎地在筆記本的高級紙張上書寫，進而迫使我的思維變得更有條理、更謹慎。這聽起來可能是個奇怪的招數，但理論計算機科學研究的進展往往會淪為一場認知上的懦夫博弈，在腦中思索證明元素時，誰能在巨大的精神痛苦中堅持較長時間，誰最終就能獲得更清晰的結果。當時，作為一名研究人員，我對自己最大的批判是，每當我試圖認真思索一個定理或新演算法時，我往往太早放棄。但願一本精美的筆記本能讓我在博奕中多堅持一會兒。

這本筆記本我最後用了兩年多一點，在二〇一二年十二月記下我的最後一頁筆記——跨越我的整個博士後研究時期以及任職助理教授的第一年。我之所以知道這些精確日期，是因為我最近在臥室衣櫃深處的架子上，從一堆舊記事本中找到了這本筆記。當我翻過這些紙頁，我很驚訝地發現我將方程式和圖解謄寫得多麼工整。（在我成批購買的低價筆記本上，我的字跡往往潦草得幾乎無法辨識。）在那兩年時間裡，我只用了筆記本中的九十七頁，每一頁都寫得滿滿。令我震撼的另一件事情是，我對筆記本中的許多證明草圖和方程式都爛熟於胸。當我重溫這九十七頁，我看到了後來會成為七篇不同的同儕審查論文的核心成果，以及我作為年輕教授首度獲得國家科學基金會重大經費的基本思路。在我短暫的學術生涯中，這是我使用過的許多不同筆記本之一，但毫無疑問，這個貴得離奇的選擇對我的生產力發揮了不成比例的作用。

高品質工具可以提升工作品質的這個一般性概念，並不專屬於我的早期學術生涯。小說家從普通文書處理器轉換到Scrivener這類的專業寫作軟體時，會突然感到幹勁十足；正如劇作家購買Final Draft來編寫電影劇本時，會覺得自己更有本事。誠然，這些較昂貴的工具比便宜的同類產品包含更多功能，但它們所注入的「我現在是專業級人士」的氛圍可說是同樣值錢。我們在花三百美元購買舒爾（Shure）麥克風的播客主持人身上也看到了類似效果，這個牌子的麥克風因受到喬・羅根（Joe Rogan）的愛用而聲名大噪。在大多數情況下，他們的聽眾不會在意專業麥克風和較便宜的USB麥克風之間的細微品質差異，但對於胸懷大志的播客主持人來說，這是他們對自己發出的一個信號，表明他們認真看待自己的事業。當電腦程式設計師設立擁有兩到三個顯示器的縝密數位工作站，我們也能看到這些效應。這些程式設計師會信誓旦旦地說，同時看見多個視窗可以提高他們的生產力。這在一定程度上是對的，但在最近推出的、能夠支援多重顯示器的顯示卡驅動程式問世以前，前幾代的電腦程式設計師似乎也很有生產力。這些配備的力量一部分在於其複雜性，它讓使用者處於一種專業心態，準備好投入編寫有效程式的艱苦工作。

對於品質的追求並不是一件隨隨便便的事。如果你想讓你的心靈同步配合你發展自身能力的計畫，投資於工具會是一個很好的起點。

插曲：如何看待完美主義？

我寫這一章的時候，收到一位名叫梅根的教授來信，她對於我使用「執著於品質」這個措辭感到憂心。她最近完成並遞交了一本「花了太長時間才寫完」的書稿，因為她「內化了方方面面都必須完美無瑕的觀念」。她指出，執著可能會令人陷入癱瘓。品質很重要，但假如品質成了最重要的東西，你可能永遠無法完成。

正如貫穿本書的內容，我們可以從傳統知識工作者的世界找到對這個問題的細緻看法。讓我們將注意力轉向流行音樂，並特別聚焦於一九六七年，這是藝術形式出現深刻複雜之變化的一年。轉變的種子在一九六六年播下。這一年，披頭四（Beetles）剛剛完成了第七張錄音室專輯《左輪手槍》（*Revolver*），幾天後立刻展開世界巡迴演唱會。他們計劃從西德開始，然後前往東京，接著是馬尼拉。休息一段時間後，他們會回到北美加演兩週，在舊金山寬廣的燭台體育場（Candlestick Park）進行最後一場盛大演出，為巡演畫下句點。

問題迅速累積。在日本，巡演主辦單位很難找到足夠大的場地來容納預期的人潮。他們最後選定日本武道館，這是當初為了一九六四年東京奧運柔道比賽而建造的巨大場館。在日本，柔道是神聖的，武道館的場址也同樣神聖，它位於這座城市的皇室和精神中心，緊鄰天皇的皇居。根據曾在二〇一七年撰文介紹披頭四樂團一九六六年巡演的歷史學家克里夫・威廉姆森（Clifford Williamson）所說，西方流行樂團要在這個充滿特殊情感的環境中演出，引發了「強烈的反彈」。[31]日本首相表示「不安」，多位重要媒體人士也表達了同樣的感受。大日本愛國黨這類極端組織發出的威脅十分可怕，足以令披頭四討論是否應該取消這場演出，甚至完全避開日本。最後，日本動員了三萬五千多名警察來確保他們的安全。[32]

下一站——菲律賓首都馬尼拉，照理說應該簡單一些，[33]但實則不然。吉他手喬治·哈里森（George Harrison）後來回憶道：「從降落的那一刻起，便厄運連連。」出訪之前，菲律賓貪腐總統斐迪南·馬可仕（Ferdinand Marcos）的妻子伊美黛·馬可仕（Imelda Marcos）向披頭四發出邀請，請他們參加在總統府舉行的招待會。披頭四的經紀人布萊恩·艾普斯坦（Brian Epstein）基於該樂團迴避外交活動的一般準則，拒絕了她的邀請。正如威廉姆森所解釋的，這是個錯誤。伊美黛的請求並非邀請，而是「傳喚」。[34]菲律賓媒體報導了這起怠慢事件，電視轉播呈現招待會上空蕩蕩的桌子和哭泣的小孩。伊美黛聲稱她更喜歡滾石樂團（Rolling Stones）。更多反彈隨之而來，披頭四很快便面臨接二連三的瑣碎報復行為。下榻飯店的客房服務電話被置之不理。答應幫忙搬運樂團器材的支援人員不見蹤影。國家機場的電扶梯被關閉，迫使樂團成員在趕忙離開這個國家之際，抬著裝備步行上樓。

披頭四隨後回到北美，但爭議並未消減。在當年的稍早，約翰．藍儂（John Lenon）接受了《倫敦旗幟晚報》（*Evening Standard*）的採訪。這篇報導乏善可陳，然而在乏味平庸的內容中，藏著下面這段挑釁的譏諷：「基督教會沒落，它將消失、萎縮……現在，我們比耶穌更受歡迎。」[35]在英國，這段話並未引人注意，但就在樂團即將抵達美國展開一九六六年巡演的最後一站時，一家名為《記事本》（*Datebook*）的青少年雜誌轉載了這篇訪談，引發人們對他關於耶穌的這段言論的關注。美國南方出現激烈反彈，抵制活動接連爆發，披頭四的專輯遭到焚毀，三K黨發出暴力威脅。樂團成員再次考慮是否應該取消演出，藍儂不得不發表道歉聲明。八月，披頭四終於抵達舊金山進行最後一場演出。樂團成員因為之前幾個月的爭議而心力交瘁，更別提三年內錄製並宣傳七張專輯所帶來的總體疲憊感。在他們前往燭台體育場演出的途中，約翰、保羅、喬治和林哥做出了一個重大決定：他們再也不進行巡演了。永遠不會。

正是披頭四這個不再演出的決定，最終在隔年（一九六七年）改變了流行音樂。距離上次在舊金山的演出，三個月過去了，現在，得到充分休息並下定決心的樂團成員聚集在倫敦的EMI錄音室，錄製一張新型態的流行專輯。由於不再需要到音樂廳和劇院獻唱，他們可以自由地進行實驗。「在製作人喬治．馬丁（George Martin）的輔助和慫恿下，」《紐約時報》音樂評論家喬恩．帕瑞黎斯（Jon Pareles）解釋說，「披頭四堅持聲音的抽象性，他們丟棄大多數錄音室錄音的逼真錯覺，以一種絕不可能在舞台上重現的方式來扭曲和處理聲音。」36

披頭四樂團操弄錄音帶的轉速，並將不同的音樂風格重疊在同一音軌上。他們融入喬治．哈里森在若威．香卡（Ravi Shankar）指導下學習彈奏的印度樂器，包括西塔琴、坦布拉琴和印度豎琴，並聘請古典音樂家以弦樂和管樂進行伴奏。他們最終在錄音室花費了大約七百小時，歷時一百二十九天。（要了解如此漫長的錄音過程在當時是多麼奢侈的一件事，請記住，四年前，也就是一九六三年，披頭四發行的第一張專輯《請取悅我》〔*Please Please Me*〕是在一天之內錄製完成的，在錄音室裡的時間總共不到七百**分鐘**。）這種種創意和艱苦行動的成果是十二首歌曲，總長度為半個多鐘頭，是流行音樂史上最早的商業概念專輯之一。披頭四將專輯名稱定為《比伯軍曹寂寞芳心俱樂部》（*Sgt. Pepper's Lonely Hearts Club Band*）。這張專輯在發行後的三個月就賣出了兩百五十萬張，登上美國告示牌排行榜榜首，在榜上稱霸三個月，是披頭四在冠軍寶座上停留最久的一張專輯。也許更重要的是，它幾乎隻手摧毀了流行單曲和告示牌榜單長期主導的文化，使專輯成為流行音樂界的標誌性藝術產品，並開創了前衛音樂和聲音實驗的新時代。

然而，流行音樂擺脫了表演性的束縛，這樣的自由很快就證明是一把雙刃劍。正如帕瑞黎斯所闡述的，儘管披頭四的第八張專輯大獲成功，「但樂評們仍將《比伯軍曹》斥為一張將孤獨的完美主義帶入搖滾錄音的專輯。」[37]更多樂團遁入錄音室去撥弄旋轉鈕和電子設備，試圖尋找新的實驗風格。在這追尋完美的漫長而緩慢的過程中，隨著樂手們沉溺於自己的想法而無法自拔，搖滾樂的直觀性和活力大量流失。結果往往令人失望。「每一次真正的融合……背後都有十來個蹩腳的四不像，」帕瑞黎斯寫道。

梅根教授說得對，正如她所指出的：創意完美主義的危險，籠罩著慢速生產力的最後一條原則。所謂執著於品質，是要成為一九六七年的披頭四，他們走進ＥＭＩ錄音室，毫不設限地盡情花時間拿西塔琴和多軌錄音機進行實驗。要在一百二十九天後交出《比伯軍曹》，你必須走過剃刀邊緣。要做到執著，你必須沉迷於自己的想法，堅信只要多給你一些時間，你就能做得再好一些。而要達到偉大，則有賴及時從自我批評的念頭中抽離出來的能力。我之所以在這個例子中提到披頭四，是因為他們既提供了關於完美主義的警訊，也提供了如何戰勝這個敵人的典範。

披頭四錄製《比伯軍曹》所花的時間，也許比以往任何一次都多，但他們的可得時間並不是無限的。披頭四的工作一出現進展，他們的音樂發行商EMI唱片就發行了兩首單曲，造成了完成專輯的緊迫感。樂團還致力於更長遠的理想。他們在一九六五年發行的專輯《橡膠靈魂》（*Rubber Soul*）啟發了搖滾樂團海灘男孩布萊恩．威爾森（Brian Wilson）創新的《寵物之聲》（*Pet Sounds*），披頭四創作主力之一保羅．麥卡尼（Paul McCartney）後來表示後者是《比伯軍曹》的主要靈感來源。在推動創造性進展的合作道路上，當你的作品只是其中的一小步，將一切做到恰恰好的壓力就會減輕。相反地，你的目標只是用足夠的力量把象徵意義上的球打回去，好讓比賽繼續進行。

在此，我們找到了我所見過最好的一般性策略，可以用來平衡執著和完美主義：給自己足夠時間去製作偉大的作品，但不是無限的時間。專心創造出足夠好的作品來吸引志同道合者的注意，但不必強迫自己打造傑作。重要的是進步，而不是完美。

主張：把賭注押在自己身上

珠兒並不是一九九〇年代唯一一個在事業生涯早期就勇於冒險的爆紅歌手。大多數人最早認識艾拉妮絲·莫莉塞特（Alanis Morissette），是當她一九九五年發行的專輯《小碎藥丸》（*Jagged Little Pill*）一舉突破三千三百萬張的銷量，並贏得包括年度最佳專輯在內的五項葛萊美獎時。這也許是莫莉塞特在美國發行的第一張唱片，但絕不是她進入演藝圈的開始。小時候，莫莉塞特就在尼克兒童頻道（Nickelodeon）瘋狂的短劇節目《你不能在電視上那麼做》（*You Can't Do That on Television*）中首次亮相，並在《明星大搜尋》（*Star Search*）中首次公開演唱（她在第一輪中落敗）。[38] 一九八九年，十五歲時，她在加拿大搖滾樂團Stampeders的幫助下錄製了試聽帶，這為她帶來了與MCA加拿大分公司的一紙合約。她的首張專輯《艾拉妮絲》主打高製作水準的流行舞曲，一九九一年在加拿大發行後即獲得白金銷量。她肆意的舞台表現和蓬鬆的亂髮，讓人將她與一九八〇年代紅極一時的流行歌手黛比·吉布森（Debbie Gibson）相提並論。[39]

然而，莫莉塞特不喜歡跟吉布森相比，因為她覺得她能做出更嚴肅的作品。如果莫莉塞特的下一張專輯《此刻命中注定》（*Now Is the Time*）沿用《艾拉妮絲》專輯的流行風格，她很有可能繼續享受成功，但是，她卻將注意力轉向了比較少人製作的、建立在更個人化歌詞上的民謠——她認為可以將她的事業推向更高層次的風格。* 第二張唱片的銷量只有第一張唱片的一半，導致唱片公司跟她解約。但莫莉塞特繼續努力。在音樂發行商的幫助下，她的前兩張專輯送到了紐約經紀人史考特·威爾許（Scott Welch）手中。[40]他在莫莉塞特的嗓音中聽到了特別之處，但也同意這種流行風格無法長久。威爾許安排莫莉塞特前往洛杉磯，與格蘭・巴拉德（Glen Ballard）合作錄製一首歌，巴拉德是一名資深作詞家，因參與創作麥可・傑克森（Michael Jackson）的〈鏡中人〉（*Man in the Mirror*）和威爾森・菲利浦三重唱（Wilson Phillips）的〈堅持下去〉（*Hold On*）而聞名。原本的計畫是在巴拉德家中的錄音室錄製一首單曲，結果，在二十次靈感四射的錄音過程中，他們錄製了二十首歌。正如巴拉德後來回想他與莫莉塞特的合作時所說的：

> 她只想成爲一名藝術家，不想讓體制跟她說他們「不再需要她了」。她只想

---

* 正如講述莫莉塞特生平的二〇二一年紀錄片《Jagged》中所影射的，她之所以力求獨立並在音樂中探索更複雜的主題，一部分是出於她年輕時在娛樂圈遭遇的一些凌辱。

說出自己的感受……她只是想寫歌，只是想表達自己。[41]

那些錄音室時間做出了《小碎藥丸》所收錄的幾乎每首曲子的試聽帶。在另類音樂起飛的年代，莫莉塞特原始有力的嗓音配上尖銳的歌詞，證明是完美的組合。這張專輯一開始是由瑪丹娜（Madonna）共同擁有的精品唱片公司Maverick Records低調發行，但是，當洛杉磯頗具影響力的KROQ電台開始播放〈你應該知道〉（*You Oughta Know*），電台總機就被點歌的電話淹沒了。幾星期後，當電台將〈單手插口袋〉（*Hand in My Pocket*）加入輪播歌單，全國各地的電台群起效法。這張專輯一炮而紅，引發了巴拉德後來形容的一場「風暴性大火」。

莫莉塞特決定捨棄曲風輕快的流行音樂，跟珠兒決定拒絕百萬唱片合約的舉動，有著明顯的相似之處——兩位歌手都願意為了追求更高的目標而冒險。然而，這些決定的細節卻存在微妙而重要的差異。珠兒之所以拒絕巨額合約，是因為她知道自己需要更多時間來成長為一名專業歌手。這體現了我前面提出的主張：品質有賴你放慢腳步。相較之下，莫莉塞特在捨棄流行音樂時，已是一位成功的專業歌手。她的改變是一次豪賭，賭她甚至能夠變得更加卓越。失去唱片合約很可怕，但這種恐懼為她提供了所需的動力，驅策她不斷提升自己的能力，直到能在巴拉德家中的錄音室，在那些史詩般的錄音過程中創造出神奇作品的程度。

這項主張認為，以這種方式押注自己是一個很好的總體策略，失敗的代價不小，但成功的回報很誘人，可以將作品品質推向新的層次。當然，這種想法並不僅限於音樂產業。在近代歷史上，一個比較有名的自我下注的例子來自商界：比爾・蓋茲（Bill Gates）在一九七五年從哈佛大學輟學，創立微軟。今天，我們見慣了智力超群的技術型人才離開大學去創立軟體公司的例子，但這在當時是聞所未聞的事。蓋茲離開哈佛時，軟體業還不存在（他創造了這個產業），而他視為大勢所趨的個人電腦，還只是一種透過開關和閃爍的燈號跟用户交流的業餘愛好配件。對蓋茲來說，離開哈佛，失敗的代價很高，但這也鞭策他做出了一番驚人的事業。

把賭注押在自己身上，並不需要像失去唱片合約或從常春藤學校輟學那般戲劇化。只需要將自己置於一個存在成功壓力的環境，即便只是適度的壓力，也能為你提供追求品質所需的重要助力。在接下來的建議中，你會接觸到將這種合理壓力融入職業生活的多種方法。正如你將看到的，把賭注押在自己身上的目標，是將自己推向一個新的層次，同時不會意外地將自己推入有違自然的繁忙工作中。

在孩子上床後寫作

史蒂芬妮．梅爾（Stephenie Meyer）是在二〇〇三年夏天的一場夢中得到了創作《暮光之城》（*Twilight*）的靈感。這次經歷如此栩栩如生，她決心盡一切所能，將這個概念的種子變成一本完整的著作。然而，她當時是個全職媽媽，有三名年幼的兒子，這意味著她需要發揮創意來安排寫作的時間。她解釋說：

> 從那時起，我沒有一天不寫**一點東西**。狀況糟的時候，我會僅僅打出一、兩頁；狀況好的時候，我可以寫完一章甚至更多。我大多在晚上等孩子們睡著後寫作，這樣我就能專心五分鐘以上而不會被打擾。[42]

著名作家的生涯始於入夜之後潦草書寫的故事，並非梅爾所獨有。一九六五年，克萊夫．卡斯勒（Clive Cussler）開始撰寫冒險小說。他當時三十多歲，與人合夥在加州新港灘市（Newport Beach）開了一家小型廣告公司，這時，他的妻子找了一份需要上夜班的工作，這使得卡斯勒在哄三個小孩上床後無事可做。[43]受伊恩．佛萊明的詹姆士龐德小說近期成功所啟發，他決定嘗試撰寫冒險小說來填補寂寞的時光。卡斯勒於二〇二〇年辭世，在作品賣出數千萬冊之後，他當年顯然押對了賭注。

當然，需要利用工作之餘從事自己熱愛的計畫，也不是父母所獨有的情況。例如，麥克．克萊頓（Michael Crichton）就讀於哈佛醫學院的最後一年，便知道自己並不打算在獲得學位後行醫。根據《紐約時報》於一九七〇年對這位當時僅二十七歲的作家所做的人物報導，克萊頓找到院長，詢問是否可以利用他在哈佛的最後一個學期，為他計劃撰寫的一本非虛構類的醫學書籍蒐集資料。「既然我根本不打算行醫，為什麼要將我在醫學院的最後半年用來學習閱讀心電圖？」他問道。院長警告克萊頓，寫書並不容易。這時，克萊頓透露，他在哈佛就讀期間已經用筆名寫了五本書，而且至少還有兩本書正在進行中。他會隨身帶著可攜式打字機，用寫作填補任何空檔，包括在度假期間或者在無法吸引他的注意力的課堂上。他承認，「任何人只要看看我的成績單……就能看出我什麼時候在寫書。」44

曾在一九九〇年代跟克萊頓爭奪暢銷書霸主地位的約翰．葛里遜（John Grisham），也透過犧牲空閒時間來展開他的寫作生涯。他開始創作自己的第一部小說《殺戮時刻》（*A Time to Kill*）時，還是一名兼任密西西比州眾議員的小鎮律師。[45]他在清晨以及會議和庭審之間的空隙寫稿。葛里遜用了三年的業餘時間寫完這本書。這本書都還沒出版，他就開始投入他的第二本書。他原本的計畫是寫兩本書，唯有當這兩本書中至少有一本成功，他才會繼續寫下去。這證明是個好策略。《殺戮時刻》剛出版時一敗塗地，幸好，葛里遜的第二本書《黑色豪門企業》（*The Firm*）賣出了七百萬冊。

這些作家展示了一種比較容易採用的自我押注策略：暫時將大量空閒時間投入相關專案。這麼做的賭注並不高，如果你未能達到你所追求的品質水準，最大的後果就是在這段有限的時間裡，你損失了原本可以用來進行更高回報（或更安穩）的活動的時間。但這樣的代價足夠討厭，足以激勵你為你的行動付出更多心力。例如，對年輕的史蒂芬妮．梅爾來說，在孩子們的活動空隙或疲憊的深夜擠出這麼多時間寫作，很可能不是一件有趣的事。鑒於這項目標所要求的犧牲，她有動力不把時間浪費在敷衍了事的行動上。梅爾決心將她的計畫貫徹到底，她每天寫作，即便只能完成幾頁。

（相較之下，我見過不少學者或記者得到奢侈的學術假，除了寫作之外，什麼也不必做，但他們卻在新得的自由中苦苦掙扎，難以取得有意義的進展。）

當然，長期來看，這種空閒時間策略並不是一種可持續的工作方式。犧牲過多閒暇時間去做額外的工作，同時違反了慢速生產力的**前兩條**原則。但是，如果適度運用，並且是在短暫期間內專心致力於某個特定專案，這種犧牲某項有意義的東西以換取更高品質的行動，可以成為押在自己身上的有效賭注。例如，梅爾高度專注地工作了六個月，但在這段累人的時期結束時，她最終完成了一部引人矚目的書稿。利托布朗公司（Little, Brown and Company）很快向她提出了一份七十五萬美元的出書合約。

降低薪水

將空閒時間投入某項計畫，是一種比較簡單的押注自己的方法。更激烈的選項是靠這項計畫賺錢。沒有什麼力量比需要支付帳單更能讓人全神貫注。然而，我們就是在這裡誤入了幾個潛在的危險領域。在美國文化中，辭去乏味的工作去追求更遠大的夢想，這種想法有一股浪漫的吸引力。想想上述策略中的作家案例：克萊夫．卡斯勒最終離開了他合夥創立的廣告公司，約翰．葛里遜則捨棄了前景看好的政治生涯和律師業務。徹底顛覆職業狀況的可能性具有巨大的吸引力，因為那讓你感覺自己彷彿可以藉由一個大動作，一舉解決你對當前苦差事的所有不滿。

當然，問題是，每出一個葛里遜，就有其他十幾個胸懷大志的作家——或企業家、藝術家——最終摸摸鼻子回到自己的老本行，他們被磨平了心志，而且比剛開始時積欠更多債務。換句話說，很難預測你的驚悚小說構想的命運，最終會更像《殺戮時刻》還是《黑色豪門企業》。幸運的是，我們可以從剛才提到的同樣幾個文學案例中，找到駕馭這些挑戰的智慧。如果你仔細觀察這些暢銷書作家的生涯轉型，就會發現一個更微妙的故事。好比說，卡斯勒於二〇二〇年逝世後，他的訃聞透露出他從廣告業轉到冒險小說的道路，比他趁妻子上晚班，在夜裡創作出書中人物德克．彼特的這個老掉牙故事所暗示的更長。

如同前面所述，卡斯勒開始寫小說時，還是新港灘市一家廣告公司的老闆之一。住在加州期間，他寫了兩本書《太平洋漩渦》（*Pacific Vortex!*）和《地中海詭影》（*The Mediterranean Caper*），但都沒有引起出版商的興趣。卡斯勒後來搬到丹佛，到一家更大型的廣告公司上班，他就是在這時想出一個計謀，企圖為他那幾部乏人問津的小說引來關注。[46] 他偽造了一家不存在的經紀公司的信紙，然後寄信給一位真正的經紀人彼得・蘭帕克（Peter Lampack），詢問他是否有興趣接手一位名叫克萊夫的新作家，這位新作家很有前途，但他沒有時間代理。計畫奏效了，《地中海詭影》終於在一九七三年出版。然而，卡斯勒仍然沒有離開廣告業去全職寫作，他一直等到一九七五年賣出第二本書《冰山》（*Iceberg*）之後才這麼做。其他幾個案例的故事，也能看到類似的謹慎。克萊頓離開醫學界時，已經出版了（許多）書籍，包括幾本暢銷書。葛里遜也是在派拉蒙影業出乎意料地出價六十萬美元購買《黑色豪門企業》的電影版權後，才停止從事法律工作。47

正是在這些細節中，我們找到了一種平衡的策略。不要為了追求更有意義的事業而輕率地辭掉你的工作。相反地，等到你有具體證據證明你的新志向滿足以下兩個特性，再做出重大改變：第一，人們願意為此付錢給你；第二，你可以複製結果。以寫作而言，這可能意味著你已經賣出多部著作，並證明你筆下的人物擁有穩固的讀者群。相較之下，以創業而言，這可能代表你的副業產生了源源不絕的穩定銷售額。然而，一旦跨過這些門檻就要採取行動。這不必然意味著你要完全辭掉現在的工作。相反地，這可能表示你可以減少工作時間，或者休一個無薪假。關鍵是要充分利用需要事業獲得真正成功而產生的強烈動機。克萊夫·卡斯勒在辭去廣告主管的工作之前完成了四部書稿，但是，卡斯勒的第五部作品——一九七六年的《打撈鐵達尼號》（*Raise the Titanic!*）——才終於在眾聲之中脫穎而出，成為他的第一本暢銷書。

宣告你的計畫

為一項計畫投入時間或犧牲金錢，是鞭策你完成更高品質工作的兩個顯而易見的賭注。第三種合乎常情的選擇是利用你的社會資本。如果你事先向你認識的人宣告你的工作，就會創造出期望。倘若你沒能交出值得注意的成績，你會付出「尷尬」這種社會成本。毫不奇怪，這也可以作為一個強大的動力。

我居住的小鎮位於華盛頓特區近郊，以藝術文化而聞名。因此，關於各類藝術展的傳單或電子郵件屢見不鮮。例如，大約在我寫這一章的時候，和我住在同一條街的兩位手藝人——一位珠寶設計師和一位複合媒材畫家——最近宣布將連續三個週末舉辦藝術市集，地點是在租户正好青黃不接的一棟舊商業大樓。他們和一家小型印刷廠合作，後者負責製作引人注目的廣告，懸掛在整個街區。這些藝術家現在正竭盡全力創作出最好的作品，因為他們很快就有機會折服一大批前來觀賞的同行。

這種透過宣告時間表來激發高品質作品的策略，可以在不同的規模上奏效。它可以像一位有抱負的編劇和一位精通電影的朋友約好一起閱讀劇本初稿一樣小；或者像一位創業家宣傳新產品的發布日期一樣大。我們最珍視的東西，莫過於他人的敬重。宣告你的工作計畫，無異於挾持了人類進化過程中的此一怪癖，讓我們更專注於創作自己力所能及的最佳作品。

吸引投資人

一九七七年，一位名叫約翰．卡本特（John Carpenter）的二十九歲導演來到英國，在倫敦電影節放映他的低成本動作片《攻擊13號警局》（*Assault on Precinct 13*）。這部電影規模太小，無法在院線廣泛上映，而且在為數不多的幾個放映地點也沒有賺到多少錢，但導演卻閃現出他的才華。「（該片）是很長時間以來，出自新銳導演之手的最具震撼力、最刺激的犯罪驚悚片之一，」倫敦電影節總監肯．瓦拉辛（Ken Wlaschin）寫道，「它抓住觀眾的注意力，絲毫不放手。」[48]卡本特正是在倫敦結識了一位名叫穆斯塔法·阿凱德（Moustapha Akkad）的資本家，後者有意投資美國主流電影。[49]阿凱德結束另一個案子《沙漠之獅》（*Lion of the Desert*）後，大概還剩下三十萬美元的資金。這位年輕導演和他的製作人夥伴歐文·雅布蘭斯（Irwin Yablans）聯手敦促阿凱德，將這些額外資金投入他們一直在討論的一個新構想，拍攝一部關於殺人凶手非法跟蹤、騷擾保姆的恐怖片。「我們基本上對穆斯塔法使出激將法，」雅布蘭斯後來回憶道，「我告訴他，『投資三十萬美元，對你來說可能太多了』，我知道他的驕傲不允許他打退堂鼓。」[50]

卡本特一個場景接一個場景地逐一描述他對這部片子的構想，阿凱德被他的說詞深深吸引。當導演同意不收取片酬，而是將自己的酬勞押注在電影票房能否成功時，雙方敲定了這筆交易。事實證明他賭對了。一九七八年春天，經過二十一天緊鑼密鼓的拍攝行程後，影片終於完成，片名也從原定的《保姆謀殺案》（*The Babysitter Murder*）改為更有感染力的《月光光心慌慌》（*Halloween*）。[51]這部片的總票房超過四千五百萬美元，成為當時史上最賣座的獨立電影。它還為之後數十年的恐怖片立下了標準，卡本特的事業生涯也為之起飛。

《攻擊13號警局》是一部很酷的電影，但《月光光心慌慌》堪稱偉大，差別在於支援卡本特的投資規模。對於此一觀點的簡單解釋是，資金越多，製作品質就越高。這句話對了一半。卡本特連同當時還籍籍無名的攝影師迪恩・康迪（Dean Cundey），將阿凱德的三十萬美元花了將近一半來買全新、輕便的全景電影攝影機——這是當時的一項新技術，讓他們可以使用穩定器拍攝滑行的長鏡頭，同時保持電影畫面的長寬比例。（康迪特別利用寬銀幕格式將許多元素融入同一視覺畫面，創造出標誌性的恐怖效果。）但是，花哨的攝影機本身並不能解釋電影的成功。阿凱德在這個案子上投入了大量資金，為了讓阿凱德感到滿意，卡本特面臨的壓力與動力將他的技藝推向了全新高度。他拍攝《攻擊13號警局》的目的是要展現自己的才華，而拍攝《月光光心慌慌》則是為了創造出一部經典電影。這是個重大的區別。

同樣的道理也適用於其他方面的努力。當有人投資你的計畫，你會有更大的動力去回報他們的信任。這適用於金融資本投資，例如卡本特和阿凱德的案例。但也適用於血汗的投資，例如朋友幫你搭建舞台劇的布景，或者花一整個下午為你新事業的廣告信函裝信封。吸引其他人投資於你和你的構想，是你對自己和你不辜負他人的能力，所押的一筆巨大賭注。正是在避免令人失望的驅策下，我們找到了偉大。

結語

本書一開頭，我提到了年輕約翰．麥克菲的故事。他躺在自家後院的野餐桌上仰望白蠟樹，試圖為自己正費勁撰寫的一篇複雜文章理清思路。隨著麥克菲事業生涯的開展，他透過反覆試驗與琢磨，逐漸形成了一套更繁複的可重複流程，用來創作他獨樹一格的長篇新聞報導。正如他在《第四版草稿》中所解釋的，他首先會用安德伍五號（Underwood 5）手動打字機打出筆記本上的所有觀察紀錄，並抄錄錄音帶裡的採訪內容，打到新的紙頁上。「把筆記逐字打出來可能要花上好幾個星期，」他解釋說，「但它將所有資料以清晰易懂的方式集中起來，並讓所有原始材料以某種濃縮程度在腦中整理過一遍。」[1]

完成此一步驟後，麥克菲的面前會出現一疊打得整整齊齊的紙頁，許多頁都包含了眾多互不相干的想法或意見片段，彼此間用幾行空白隔開。為了讓這些內容產生意義，他會在每個段落的邊緣空白處標注一個簡短敘述，指出這段內容所指涉的相關**故事元件**。一篇標準的長篇文章可能包含大約三十個不同元件的筆記。[2] 麥克菲針對環保主義者大衛．布勞爾（David Brower）如史詩般的人物特寫《巧遇大德魯伊》（*Encounters with the Archdruid*）上下兩篇，就需要三十六個元件。[3]

麥克菲會影印這些頁面，然後用剪刀將每個獨立的段落剪成一張張「小紙條」。[4]（麥克菲最終在一九八〇年代買了一台個人電腦，開始使用電子系統整理筆記，他將這台機器稱為「價值五千美元的剪刀」。）每張紙條都放進與其故事元件相應的牛皮紙袋。結果就是一堆各自對應一個主題的牛皮紙袋，紙袋裡裝滿了紙片，這些紙片合起來涵蓋了所有相關事實、引文或觀察。

接下來，麥克菲會在一張張三乘五英寸的索引卡上標記每個故事元件，然後鋪在一張以兩個鋸木架（「這是我在那些年間不可或缺的辦公室家具」）[5] 撐起來的層板上，這樣他就可以移動卡片，為故事尋找可行的結構。有時，合適的概念架構會在短短幾小時內浮現腦海。有時，他得把層板放上好幾天，偶爾回來看看。流程的這個階段是急不來的：在卡片呈現合理順序之前，他沒辦法動筆寫作。

等到麥克菲終於找到滿意的文章結構，他總算可以把文字寫在紙上。寫作時，他會一次應付一個故事元件，按照它們在層板上的排列順序來處理。當書寫某個特定元件，他會從相應的牛皮紙袋取出所有相關的筆記紙片，以階梯狀排列在安德伍五號打字機旁的橋牌桌上。「這個程序幾乎消弭了所有令人分心的枝節，讓我可以專注在某一天或某一週必須處理的素材，」麥克菲解釋說，「的確，這種做法將我逼入了窘境，但卻讓我可以毫無束縛地寫作。」6

我用約翰·麥克菲的兩個不同故事來展開和結束我們對慢速生產力的探索，是有原因的。當我們在本書開頭幾頁看到麥克菲最初在白蠟樹下的故事，以較慢腳步追求生產力的概念更像是一種直覺或模糊的願望，而不是具體的、可廣泛採用的做法。麥克菲在那棵樹下鬆弛而專注的模樣，似乎能激起心力交瘁的一般知識工作者的共鳴，但是，如何將這種共鳴轉化為實際可行的行動，情況還模糊不清。我們以情緒開篇，但需要一套計畫。

當我們在五個漫長的篇章之後讀到約翰．麥克菲的第二個更詳細的故事時，但願這樣一套計畫的輪廓已變得清晰可見。在前面那些篇章，我詳細介紹了知識產業如何偏離了合理的工作安排，然後向讀者說明以有條不紊的方式培養更佳做法的三項原則——我稱為「慢速生產力」的一套哲學。它並不是對我們當前工作超載的被動式回應，而是一套可行的替代性對策。我希望麥克菲的第二個故事捕捉到了這樣的實用性。在他將筆記打出來並剪成一張張小紙條，然後在層板上組織索引卡，再將素材以階梯狀排列在橋牌桌上的謹慎而繁複的過程中，我們看到在麥克菲後院白蠟樹下所呈現的願望，轉變成了更系統化的做法。放慢腳步並不是為了抗議工作，而是為了找到更好的工作方法。

我寫這本書有兩個目的。第一個目的很明確：幫助盡可能多的人擺脫偽生產力的不人道束縛。正如我在前言中指出的，並不是每個人都有機會獲得這樣的結果。我提出的理念主要適用於那些從事技術性勞動、高度自主的人。此一目標讀者群涵蓋了知識產業的一大部分，包括大多數自由工作者、個人創業者和小企業主，以及學術界等領域的人，在這些領域中，人們在如何選擇和安排工作上，享有極大的自由。

如果你落入上述其中一類，並且被長期工作超載和偽生產力的快速節奏搞到疲憊不堪，那麼我強烈建議你考慮按照我提出的三項原則大幅改變你的職業生活。少做一些事情、以自然的步調工作、執著於品質。視你的職責細節而定，這也許不代表要花幾星期盯著樹枝或在打字機上打筆記，但幾乎肯定會使你與工作的關係變得更持久。*

我寫本書的第二個目的，適用於更廣泛的範圍。慢速生產力只是對一個更大問題的眾多回應方法之一：關於如何安排和衡量我們的努力，腦力工作的世界缺乏一致的觀點。以可見活動作為有用勞動的替代指標，充其量只是個臨時的解決辦法，是二十世紀中葉新經濟領域突然崛起時，管理者在一片迷茫之中臨時拼湊的做法。正如我在第一部分所詳述的，這種管理ＯＫ繃早已鬆脫。一旦前台資訊科技革命帶來了無休止的工作，並消除了對工作節奏的任何自然限制，偽生產力就開始朝不可持續的方向瘋狂發展。新冠疫情帶來的額外破壞，為此一漩渦提供了所需的最後加速，將整個系統毀滅得支離破碎。這就是為什麼如今經常看到批評家宣揚疲憊不堪的虛無主義，認為工作超載和痛苦是一種無可逃脫的命運。我們的工作方式已經行不通了。

我們需要做的，是更有意識地思考「生產力」在知識產業中的涵義——從這些努力必須是可持續的，並能讓實際工作的人感到愉快的前提出發。慢速生產力是這種思維的一個例子，但不該是唯一。我的長期願望是，這場運動能激發其他許多運動，創造一個包含不同生產力概念的市場，每種概念或許適用於不同類型的工作者或情感。例如，慢速生產力的設計宗旨是切實可行，為個人提供可立即實施的想法。但是，不妨拿其他方法與這種做法相平衡，例如一些尋求重塑組織管理方式的更有企圖心的方

＊ 對於我的讀者中的自由撰稿人，我推薦下面這篇關於麥克菲的文章，文中認為出版業不斷變化的經濟動態，使麥克菲緩慢專注在長篇文章上的做法難以複製：麥爾坎・哈里斯（Malcolm Harris）〈誰負擔得起像約翰・麥克菲那樣寫作〉（Who Can Afford to Write Like John McPhee），《新共和》雜誌，二〇一七年九月十三日，newrepublic.com/article/144795/can-afford-write-like-john-mcphee。現實情況要複雜一些。儘管雜誌社確實不會為了每兩年一篇四萬字的文章而付你高薪，但值得注意的是，麥克菲在《第四版草稿》中明確指出，在一九六〇年代，《紐約客》的「特約撰稿人」是一個毫無意義的頭銜（基本上，這無非意味著你是他們樂於採用的一名自由撰稿人），而且他單靠寫文章也賺不了多少錢。為了維持生計，他的書必須大賣，他在普林斯頓大學教授寫作的工作也不可或缺。不過，在麥克菲故事的背後，更大的要點並不在於他究竟如何撰寫雜誌文章，而在於大局上的生產力並不需要仰賴在小處上瘋狂忙碌的觀念。

法，或甚至限制市場經濟運作的法案。革命需要許多不同程度的反抗，從實際和立即的，到激烈與意識形態上的。

無論我們究竟是如何取得進步，這些總體努力的重要性再怎麼強調都不為過。彼得·杜拉克在一九九九年發表的一篇頗具影響力的論文中，將知識工作者的生產力稱為「最大的挑戰」是有原因的。弄清這一點，可以大幅改善數百萬人的生活。

二〇一〇年，約翰·麥克菲接受了《巴黎評論》（*The Paris Review*）一次天南地北的採訪，在採訪即將結束時，他對有人或許以為他異常勤奮的想法感到驚訝：

> 假如有人對我說，「你是個多產的作家」——感覺太不對勁了。那就像地質時期和人類時期之間的差別。某種程度上，我看起來確實做了很多事。但我一般就是整天坐在那裡，納悶自己什麼時候才能開始。而每週六天這麼做，再加

上每天往水桶裡滴一滴水的規律，那正是關鍵所在。因爲如果你每天往桶裡滴一滴水，三百六十五天後，桶裡肯定會有一些水。7

慢速生產力最重要的宗旨，是呼籲人們從日常枯燥工作的瘋狂活動中退後一步。這並不是說這些工作是隨意決定的：我們焦慮不安的日常生活，包含了確實需要完成的任務與約定。然而，一旦你像麥克菲一樣意識到，這種令人疲憊不堪的忙亂，通常恰恰與重要的活動相牴觸，你的觀點就會改變。較慢的工作步調不僅可行，而且大有可能優於左右著當今許多人職業生活的作為權宜之計的偽生產力。麥克菲提醒我們，如果你能蒐集三百六十五天有意義的點滴努力，到了年底，你會得到一個滿滿的桶子。這才是最重要的：你最終到達了哪裡，而不是你到達那裡的速度，也不是你一路上的緊張忙碌給多少人留下了深刻印象。

我們已至少在過去的七十年裡嘗試了快速的做法，事情行不通。現在是嘗試放慢速度的時候了。

致謝

我無法確切指出「慢速生產力」這個用語究竟是何時進入我的辭典，這套理念似乎是在新冠疫情的第一年自然而然出現的，那段期間，我開始跟讀者就工作、生產力和意義等主題，展開了熱烈且成果斐然的對話。我首先要感謝他們，他們在推動我和我的思想前進的過程中，扮演了至關重要的角色。

這些理念一旦成形，我的作家經紀人蘿莉．阿布克邁爾（Laurie Abkemeier）緊接著幫助我將它們組織成一個連貫的寫作計畫。正是在這個過程中，蘿莉和我跨越了攜手合作二十多年的里程碑，這份工作關係和友誼可以追溯到二十歲時的我，當時我還是達特茅斯大學即將升大四的學生，正試著找人代理銷售一本關於如何在大學取得成功的書。在塑造我的職業寫作生涯的各個方面上，蘿莉和她的指導對我產生的影響，再怎麼強調都不為過。對此，我深表感激。

當然，我也必須謝謝阿德里安・札克海姆（Adrian Zackheim）帶領的Portfolio Books團隊，感謝他們一直相信我和我的想法。這是我為Portfolio寫的第三本書，也是妮基・帕帕佐普洛斯（Niki Papadopoulos）買下並編輯的第三本書，在過去六年左右的時間裡，她一直是作家夢想的合作夥伴。當曾經編輯我最近幾本書的英國版的莉蒂亞・亞迪（Lydia Yadi）加入《慢速工作力》的編輯團隊，我也雀躍萬分。我感謝她為鞭策這本書成形所提出的每一個犀利的評論和建議。

此外，我還必須感謝才華出眾的Portfolio行銷和宣傳團隊，在我過去的出書計畫中，他們與我的合作極其成功，我很期待跟他們合作展開這項新的計畫。值得一提的是，團隊成員包括曾參與我迄今為止在Portfolio出的每一本書的瑪戈・斯塔馬斯（Margot Stamas），以及也曾參與我多項計畫的瑪麗・凱特・羅傑斯（Mary Kate Rogers）。她們讓我向全世界介紹我的作品的過程既輕鬆又令人興奮。

我也要謝謝喬許．羅斯曼（Josh Rothman）和麥克．艾格（Mike Agger），他們是我在《紐約客》雜誌的編輯，本書的許多觀點最初都出於我在《紐約客》發表的文章。他們對我的寫作和想法的持續支持，為我作為作家和思想家的成長提供了重要動力。我仍然為他們對我的信任以及他們不吝給予的指導感到敬畏和榮幸。

最後，我必須感謝我不知疲倦的妻子茱莉（Julie），她忍受了擁有一個沉迷於寫作的伴侶所需做出的一切犧牲。我迄今為止出版過八本書，她從一開始就認識我，因此她對這個過程的要求知之甚詳。對於她的理解和耐心，我始終深深感激，一如既往。

46. Carlson, "Clive Cussler Obituary."
47. 有關電影版權出價的資訊，請見：*Los Angeles Times*, July 17, 1993, latimes.com/archives/la-xpm-1993-07-17-mn-14067-story.html。
48. "Assault on Precinct 13," BAMPFA, bampfa.org/event/assault-precinct-13.
49. "Behind the Scenes: Halloween," Wayback Machine Internet Archive, web.archive.org/web/20061220013740/http://halloweenmovies.com/filmarchive/h1bts.htm.
50. "Behind the Scenes: Halloween."
51. "Halloween," Box Office Mojo, IMDbPro, boxofficemojo.com/release/rl1342342657, accessed December 2022.

結語

1. John McPhee, *Draft No. 4: On the Writing Process* (New York: Farrar, Straus and Giroux, 2018), 35.
2. McPhee, *Draft No. 4*, 37.
3. McPhee, *Draft No. 4*, 25.
4. McPhee, *Draft No. 4*, 35–37.
5. McPhee, *Draft No. 4*, 21.
6. McPhee, *Draft No. 4*, 35–36.
7. John McPhee, interview by Peter Hessler, "John McPhee, the Art of Nonfiction No. 3," *Paris Review*, Spring 2010, theparisreview.org/interviews/5997/the-art-of-nonfiction-no-3-john-mcphee.

（附注請從第329頁開始翻閱。）

at-age-20-sgt-pepper-marches-on.html.

37. Pareles, "Pop View; At Age 20, Sgt. Pepper Marches On."
38. Morgan Greenwald, "19 Celebrities Who Got Their Start on 'Star Search,' " *Best Life*, September 16, 2020, bestlifeonline.com/star-search-celebrities.
39. 有關艾拉妮絲·莫莉塞特職業生涯早期的細節，請見：*Jagged*, directed by Alison Klayman (HBO Documentary Films, 2021)。
40. Jean-Francois Méan, "Interview with Scott Welch, Manager for Alanis Morissette," *HitQuarters*, August 6, 2002, web.archive.org/web/20120609212424/http://www.hitquarters.com/index.php3?page=intrview%2Fopar%2Fintrview_SWelch.html.
41. Lyndsey Parker, "Glen Ballard Recalls Making Alanis Morissette's 'Jagged Little Pill,' 25 Years Later: 'I Was Just Hoping That Someone Would Hear It,' " *Yahoo!Entertainment*, September 25, 2020, yahoo.com/entertainment/glen-ballard-recalls-making-alanis-morissettes-jagged-little-pill-25-years-later-i-was-just-hoping-that-someone-would-hear-it-233222384.html.
42. "The Story of Twilight and Getting Published," Stephenie Meyer, stepheniemeyer.com/the-story-of-twilight-getting-published, accessed December 2022.
43. Michael Carlson, "Clive Cussler Obituary," *The Guardian*, February 27, 2020, theguardian.com/books/2020/feb/27/clive-cussler-obituary.
44. John Noble Wilford, "For Michael Crichton, Medicine Is for Writing," *New York Times*, June 15, 1970, nytimes.com/1970/06/15/archives/for-michael-crichton-medicine-is-for-writing.html.
45. Nicholas Wroe, "A Life in Writing: John Grisham," *The Guardian*, November 25, 2011, theguardian.com/culture/2011/nov/25/john-grisham-life-in-writing.

的事實極不尋常，以致在採訪中屢次被提及，例如請見：Sana Goyal, " 'The Shape of This Moment': In Conversation with Avni Doshi," *The Margins*, Asian American Writers' Workshop, April 21, 2021, aaww.org/the-shape-of-this-moment-in-conversation-with-avni-doshi。

27. Vashi Nedomansky, "The Editing of MAD MAX: Fury Road," VashiVisuals, May 30, 2015, vashivisuals.com/the-editing-of-mad-max-fury-road.
28. Raymond Edwards, *Tolkien* (Ramsbury, UK: Robert Hale, 2020), 165–67.
29. Edwards, *Tolkien*.
30. 例如，請參見以下關於這場糾紛的文章，其中包含一些格拉漢姆筆記本的精美圖片：Seth Shulman, "The Telephone Gambit: Chasing Alexander Graham Bell's Secret," *PatentlyO* (blog), January 10, 2008, patentlyo.com/patent/2008/01/the-telephone-g.html。
31. Clifford Williamson, "1966: The Beatles' Tumultuous World Tour," History Extra, June 1, 2017, historyextra.com/period/20th-century/1966-the-beatles-tumultuous-world-tour.
32. Mark Lewisohn, *The Complete Beatles Chronicle: The Definitive Day-by-Day Guide to the Beatles' Entire Career* (Chicago: Chicago Review Press, 1992; rpt. 2010), 211.
33. Williamson, "1966: The Beatles' Tumultuous World Tour."
34. Williamson, "1966: The Beatles' Tumultuous World Tour."
35. Williamson, "1966: The Beatles' Tumultuous World Tour." 有關1966年這場《倫敦旗幟晚報》的危機，請參見：Lewisohn, *The Complete Beatles Chronicle*。
36. Jon Pareles, "Pop View; At Age 20, Sgt. Pepper Marches On," *New York Times*, May 31, 1987, nytimes.com/1987/05/31/arts/pop-view-

16. Jason Fell, "How Steve Jobs Saved Apple," *Entrepreneur*, October 27, 2011, entrepreneur.com/growing-a-business/how-steve-jobs-saved-apple/220604.
17. Jewel, *Never Broken*, 270.
18. Paul Jarvis, "Working Remotely on an Island: A Day in the Life of a Company of One," Penguin UK, penguin.co.uk/articles/2019/04/working-remotely-on-an-island-company-of-one-paul-jarvis.
19. Cameron McCool, "Entrepreneur on the Island: A Conversation with Paul Jarvis," *Bench* (blog), June 3, 2016, bench.co/blog/small-business-stories/paul-jarvis.
20. McCool, "Entrepreneur on the Island."
21. Jarvis, "Working Remotely on an Island."
22. Ira Glass, "Ira Glass on Storytelling 3," posted July 11, 2009, warphotography, YouTube, 5:20, youtube.com/watch?v=X2wLP0izeJE.
23. Anne Lamott, *Bird by Bird: Some Instructions on Writing and Life* (New York: Anchor, 1994; rpt. 2019), 8.
24. 有關此鏡頭的更多資訊，請見：V. Renée, "Here's What the First 3 Minutes of 'Boogie Nights' Can Teach You about Shot Economy," No Film School, September 26, 2016, nofilmschool.com/2016/09/heres-what-first-3-minutes-boogie-nights-can-teach-you-about-shot-economy。
25. Ira Glass, interview by Michael Lewis, "Other People's Money: Ira Glass on Finding Your Voice," March 1, 2022, in *Against the Rules*, podcast, 26:46, pushkin.fm/podcasts/against-the-rules/other-peoples-money-ira-glass-on-finding-your-voice.
26. 距離我於2022年撰寫本章時，最近一次頒獎是在2021年。在2021年的五位入圍者中，阿芙妮．多西（Avni Doshi）是唯一一位毫無藝術創作碩士背景的人。的確，她沒上過這類課程亞・唐恩》（*Shania Twain: Not Just a Girl*）所披露的，仙妮亞・唐恩幼年時也和母親一起在酒吧哼哼唱唱，因而學會了唱歌的技藝。根據這部紀錄片，唐恩有時會被迫在酒吧打烊後熬夜演出，以規避她年齡太小不能於營業時間出現在飲酒場所的法律規定。

2. Jewel, *Never Broken: Songs Are Only Half the Story* (New York: Blue Rider Press, 2016), 21.
3. Jewel, interview by Joe Rogan, "Jewel Turned Down $1 Million Record Deal When She Was Homeless," October 25, 2021, in *The Joe Rogan Experience,* podcast, 3:06, youtube.com/watch?v=DTGtC7FC4oI（以下稱為*JRE* 1724）。
4. *JRE* 1724, 5:25.
5. *JRE* 1724, 9:30.
6. *JRE* 1724, 12:38.
7. *JRE* 1724, 13:20.
8. *JRE* 1724, 14:00.
9. 請參見珠兒的訪談，例如：Taylor Dunn, "Why Jewel Says She Turned Down a Million-Dollar Signing Bonus When She Was Homeless," ABC News, abcnews.go.com/Business/jewel-talks-human-growing-career-slowly/story?id=46598431。
10. Jewel, interview by Hrishikesh Hirway, "Jewel—You Were Meant for ME," episode 198, *Song Exploder*, podcast, 17:58, 逐字稿請見：songexploder.net/transcripts/jewel-transcript.pdf。
11. Jewel, *Never Broken*, 173.
12. Jewel, *Never Broken*, 177.
13. Jewel, *Never Broken*, 230.
14. Jewel, *Never Broken*, 231.
15. Jason Fell, "How Steve Jobs Saved Apple," NBC News, October 30, 2011, nbcnews.com/id/wbna45095399.

34. “Neil Gaiman’s Writing Shed,” Well-Appointed Desk, July 8, 2014, wellappointeddesk.com/2014/07/neil-gaimans-writing-shed.
35. Sarah Lyall, “The World according to Dan Brown,” *New York Times*, September 30, 2017, nytimes.com/2017/09/30/books/dan-brown-origin.html.
36. Francis Ford Coppola, director’s commentary, *The Conversation*, special ed. DVD, directed by Francis Ford Coppola (Hollywood, CA: Paramount Pictures, 2000).
37. John McPhee, “Tabula Rasa: Volume Two,” *New Yorker*, April 12, 2021, newyorker.com/magazine/2021/04/19/tabula-rasa-volume-two.
38. 本節中的許多故事和所有引言均來自我關於該主題的原始文章：Cal Newport, “What If Remote Work Didn’t Mean Working from Home?,” *New Yorker*, May 21, 2021, newyorker.com/culture/cultural-comment/remote-work-not-from-home。
39. Karen Armstrong, *The Case for God* (New York and Toronto: Knopf, 2009), 54.
40. Armstrong, *Case for God*, 56.
41. Armstrong, *Case for God*, 56.
42. Mason Currey, *Daily Rituals: How Artists Work* (New York: Knopf, 2013), 121.
43. Currey, *Daily Rituals*, 177.
44. Currey, *Daily Rituals*, 216.
45. Currey, *Daily Rituals*, 49–50.

Chapter 5 執著於品質

1. 有趣的是，珠兒並不是1990年代唯一一位極其年幼就跟父母一起在酒吧長時間演出的女歌手。正如2022年的紀錄片《仙妮

25. 關於伊恩．佛萊明和「黃金眼」的細節，請見：Matthew Parker, *Goldeneye* (New York: Pegasus Books, 2015)。派翠克．弗莫對這片土地的描述經常被引用，例如請見：goldeneye.com/the-story-of-goldeneye， 以 及Robin Hanbury Tenison, "The Friendly Isles: In the Footsteps of Patrick Leigh Fermor," patrickleighfermor.org/2010/04/20/the-friendly-isles-in-the-footsteps-of-patrick-leigh-fermor-by-robin-hanbury-tenison。
26. Cal Newport, *So Good They Can't Ignore You* (New York: Grand Central, 2012), 126.
27. "How We Work," in *37signals Employee Handbook*, chap. 9, basecamp.com/handbook/how-we-work。
28. 這段1959年的訪談片段可以在網路上找到：Jack Kerouac, interview by Steve Allen, "JACK KEROUAC on THE STEVE ALLEN SHOW with Steve Allen 1959," Historic Films Stock Footage Archive, posted January 12, 2015, YouTube, 6:51, youtube.com/watch?v=3LLpNKo09Xk。
29. *All Things Considered*, "Jack Kerouac's Famous Scroll, 'On the Road' Again," hosted by Melissa Block and Robert Siegel, aired July 5, 2007 on NPR, npr.org/transcripts/11709924.
30. "Jack Kerouac's Famous Scroll."
31. Mary Oliver, interview by Krista Tippett, "I Got Saved by the Beauty of the World," February 5, 2015, in *On Being*, podcast, NPR, 49:42, onbeing.org/programs/mary-oliver-i-got-saved-by-the-beauty-of-the-world.
32. 以下是關於《空間詩學》的精采摘要和討論，也是我引用「居住空間」這句話的來源：Tulika Bahadur, "*The Poetics of Space*," On Art and Aesthetics, October 5, 2016, onartandaesthetics.com/2016/10/05/the-poetics-of-space。
33. Mead, "All about the Hamiltons."

18. 關於歐姬芙在喬治湖期間的資訊，包括這段期間是其生涯最多產的時期之說法，請見：“Georgia O'Keeffe's Lake George Connection,” lakegeorge.com, lakegeorge.com/history/georgia-okeeffe。欲了解更多喬治湖時期的細節，包括從大宅搬到農舍的具體時間、歐姬芙工作室的名稱以及她的早晨例行公事，請參閱：Molly Walsh, “O'Keeffe's Footsteps in Lake George Are Nearly Erased,” *Seven Days*, June 24, 2015, sevendaysvt.com/vermont/okeeffes-footsteps-in-lake-george-are-nearly-erased/Content?oid=2684054。
19. 他後來將用户名更改為 @ZaidLeppelin。
20. James Tapper, “Quiet Quitting: Why Doing the Bare Minimum at Work Has Gone Global,” *The Guardian*, August 6, 2022, theguardian.com/money/2022/aug/06/quiet-quitting-why-doing-the-bare-minimum-at-work-has-gone-global.
21. Alyson Krueger, “Who Is Quiet Quitting For?,” *New York Times*, August 23, 2022, nytimes.com/2022/08/23/style/quiet-quitting-tiktok.html.
22. Amina Kilpatrick, “What Is ‘Quiet Quitting,’ and How It May Be a Misnomer for Setting Boundaries at Work,” NPR, August 19, 2022, npr.org/2022/08/19/1117753535/quiet-quitting-work-tiktok.
23. Goh Chiew Tong, “Is ‘Quiet Quitting’ a Good Idea? Here's What Workplace Experts Say,” NPR, August 30, 2022, cnbc.com/2022/08/30/is-quiet-quitting-a-good-idea-heres-what-workplace-experts-say.html.
24. 若是對此主題感興趣的讀者，我在2022年12月於《紐約客》發表了一篇文章，詳細解析「在職躺平」，包括我對其涵義和重要性的解讀：Cal Newport, “The Year in Quiet Quitting,” *New Yorker*, December 29, 2022, newyorker.com/culture/2022-in-review/the-year-in-quiet-quitting。

11. Mark Dyble, Jack Thorley, Abigail E. Page, Daniel Smith, and Andrea Bamberg Migliano, "Engagement in Agricultural Work Is Associated with Reduced Leisure Time among Agta Hunter-Gatherers," *Nature Human Behaviour* 3, no. 8 (August 2019): 792–96, nature.com/articles/s41562-019-0614-6.
12. Rebecca Mead, "All about the Hamiltons," *New Yorker*, February 2, 2015, newyorker.com/magazine/2015/02/09/hamiltons.
13. Lin-Manuel Miranda, interview by Marc Maron, "Lin-Manuel Miranda," November 14, 2016, in *WTF with Marc Maron*, podcast, 1:37:33, wtfpod.com/podcast/episode-759-lin-manuel-miranda.
14. Mead, "All about the Hamiltons."
15. 關於《紐約高地》發展過程的細節，詳見以下兩篇實用的文章：Susan Dunne, " 'In the Heights,' Drafted When Lin-Manuel Miranda Was a Student at Wesleyan University, Opens in Movie Theaters," *Hartford Courant*, June 10, 2021, courant.com/news/connecticut/hc-news-connecticut-wesleyan-in-the-heights-20210610-elvljdtnd5bunegtkuzv3aql2y-story.html; and "How the Eugene O'Neill Theater Center Gave Birth to *In the Heights*," *Playbill*, November 24, 2016, playbill.com/article/how-the-eugene-oneill-theater-center-gave-birth-to-in-the-heights。
16. Norma J. Roberts, ed., *The American Collections: Columbus Museum of Art* (Columbus, OH: Columbus Museum of Art, 1988), 76, archive.org/details/americancollecti0000colu/page/76/mode/2up.
17. Alfred Stieglitz to Sherwood Anderson, August 7, 1924, Alfred Stieglitz/ Georgia O'Keeffe Archive, Yale Collection of American Literature, Beinecke Rare Book and Manuscript Library, Yale University, box 2, folder 29, quoted in "Lake George," Alfred Stieglitz Collection, Art Institute of Chicago, archive.artic.edu/stieglitz/lake-george.

Paperbacks, 2004), 8–9.

2. Gribbin, *The Scientists*, 45–46.
3. Gribbin, *The Scientists*, 75.
4. Eve Curie, *Madame Curie: A Biography*, transl. Vincent Sheean (New York: Da Capo Press, 2001), 160–62.
5. Cal Newport, "On Pace and Productivity," *Cal Newport* (blog), July 21, 2021, calnewport.com/blog/2021/07/21/on-pace-and-productivity.
6. Gribbin, *The Scientists*, 81.
7. Richard B. Lee, "What Hunters Do for a Living, or, How to Make Out on Scarce Resources," in *Man the Hunter*, ed. Richard B. Lee and Irven DeVore (Chicago: Aldine Publishing, 1968), 30.
8. 無從查考「現代」智人出現的確切時代。三十萬年這個數字經常受到引用，有兩個原因。在摩洛哥傑貝爾依羅（Jebel Irhoud）遺址發現的已知最古老的智人化石，大約可追溯至此一時期（儘管化石中包含一些明顯的古人類特徵）。其他許多考古工作也顯示，非洲物質文化在此一時期普遍轉向更精緻的工具，這是人類演化成認知能力明顯增強的物種的預期結果。有關這些資料的精彩摘要，請參閱：Brian Handwerk, "An Evolutionary Timeline of Homo Sapiens," *Smithsonian*, February 2, 2021, smithsonianmag.com/science-nature/essential-timeline-understanding-evolution-homo-sapiens-180976807。
9. Lee, "What Hunters Do for a Living," 43.
10. 若要深入了解對理查德．李的開創性研究的批評和詮釋，請參閱我在2022年11月發表於《紐約客》的文章，其中大部分內容（包括所有涉及理查德．李和馬克．戴博的細節及引述）均奠基於此：Cal Newport, "What Hunter-Gatherers Can Teach Us about the Frustrations of Modern Work," *New Yorker*, November 2, 2022, newyorker.com/culture/office-space/lessons-from-the-deep-history-of-work。

books/2016/may/07/my-writing-day-ian-rankin.

27. 有關華頓的資訊主要來自於梅森・柯瑞的文章，該文章改編自他的書籍：*Daily Rituals: Women at Work*. Mason Currey, "Famous Women Authors Share Their Daily Writing Routines," Electric Lit, March 15, 2019, electricliterature.com/famous-women-authors-share-their-daily-writing-routines。
28. 欲了解更多關於時間方塊的資訊，請參閱解說影片：timeblock planner.com。
29. Cal Newport, "The Rise and Fall of Getting Things Done," *New Yorker*, November 17, 2020, newyorker.com/tech/annals-of-technology/the-rise-and-fall-of-getting-things-done.
30. 細心的讀者可能會發現，這個名字是在向討喜的播客節目《約翰・霍奇曼法官》（Judge John Hodgman）致敬。
31. Cal Newport, "It's Time to Embrace Slow Productivity," *New Yorker*, January 3, 2022, newyorker.com/culture/office-space/its-time-to-embrace-slow-productivity.
32. Blake, *Free Time*, 4.
33. Brigid Schulte, *Overwhelmed: How to Work, Love, and Play When No One Has the Time* (New York: Picador, 2014), 5.
34. Schulte, *Overwhelmed*, 13.
35. Sheila Dodge, Don Kieffer, and Nelson P. Repenning, "Breaking Logjams in Knowledge Work," *MIT Sloan Management Review*, September 6, 2018, https://sloanreview.mit.edu/article/breaking-logjams-in-knowledge-work.

Chapter 4　以自然的步調工作

1. John Gribbin, *The Scientists: A History of Science Told through the Lives of Its Greatest Inventors* (New York: Random House Trade

被移除）：Cal Newport, "Richard Feynman Didn't Win a Nobel by Responding Promptly to Emails," *Cal Newport* (blog), April 20, 2014, calnewport.com/blog/2014/04/20/richard-feynman-didnt-win-a-nobel-by-responding-promptly-to-e-mails。這段文字的下半部分也可於以下資料中找到：Feynman's *Los Angeles Times* obituary: Lee Dye, "Nobel Physicist R. P. Feynman of Caltech Dies," *Los Angeles Times*, February 16, 1988, latimes.com/archives/la-xpm-1988-02-16-mn-42968-story.html。

19. Lawrence Grobel, "The Remarkable Dr. Feynman: Caltech's Eccentric Richard P. Feynman Is a Nobel Laureate, a Member of the Shuttle Commission, and Arguably the World's Best Theoretical Physicist," *Los Angeles Times*, April 20, 1986, latimes.com/archives/la-xpm-1986-04-20-tm-1265-story.html. 欲了解費曼和委員會的簡要歷史，包括他以前的學生如何說服他參與的細節，我推薦這篇文章：Kevin Cook, "How Legendary Physicist Richard Feynman Helped Crack the Case on the Challenger Disaster," *Literary Hub*, June 9, 2021, lithub.com/how-legendary-physicist-richard-feynman-helped-crack-the-case-on-the-challenger-disaster。
20. Benjamin Franklin, *Autobiography of Benjamin Franklin*, ed. John Bigelow (Philadelphia: J. B. Lippincott, 1868; Project Gutenberg, 2006), chap. 6, https://www.gutenberg.org/ebooks/20203.
21. Franklin, *Autobiography*, chap. 9.
22. H. W. Brands, *The First American: The Life and Times of Benjamin Franklin* (New York: Anchor Books, 2002), 164.
23. Brands, *The First American*, 166.
24. Brands, *The First American*, 189–90（粗體字是我加上的）。
25. Brands, *The First American*, 200–205.
26. Ian Rankin, "Ian Rankin: 'Solitude, Coffee, Music: 27 Days Later I Have a First Draft,' " *The Guardian*, May 7, 2016, theguardian.com/

2013), 25–26.

5. Tomalin, *Jane Austen*, 87.
6. Tomalin, *Jane Austen*, 122.
7. Tomalin, *Jane Austen*, 170.
8. Tomalin, *Jane Austen*, 214.
9. Tomalin, *Jane Austen*, 213.
10. Lananh Nguyen and Harry Wilson, "HSBC Manager Heart Attack Prompts Viral Post about Overwork," *Bloomberg*, April 21, 2021, bloomberg.com/news/articles/2021-04-21/hsbc-manager-s-heart-attack-prompts-viral-post-about-overwork#xj4y7vzkg. 編按：在領英上的原始貼文請見 linkedin.com/posts/jonathanfrostick_heartattack-decisionmaking-leadershiplessons-activity-6787207960864014336-sdhA。
11. *Work Trend Index Annual Report: The Next Great Disruption Is Hybrid Work—Are We Ready?*, Microsoft, March 22, 2021, microsoft.com/en-us/worklab/work-trend-index/hybrid-work.
12. Cal Newport, "Why Remote Work Is So Hard—and How It Can Be Fixed," *New Yorker*, May 26, 2020, newyorker.com/culture/annals-of-inquiry/can-remote-work-be-fixed.
13. Simon Singh, *Fermat's Enigma: The Epic Quest to Solve the World's Greatest Mathematical Problem* (New York: Anchor Books, 1997), 6.
14. Singh, *Fermat's Enigma*, 205.
15. Singh, *Fermat's Enigma*, 207.
16. Singh, *Fermat's Enigma*, 210.
17. Jenny Blake, *Free Time* (Washington, DC: Ideapress, 2022), 7.
18. 以下連結是我於2014年撰寫的文章，其中提及這段片段，包括此處所引用的文字（1981年的YouTube影片因版權問題已

work.

13. Gili Malinsky, "10 Companies Adopting a 4-Day Workweek That Are Hiring Right Now," Make It, CNBC, March 19, 2023, cnbc.com/2023/03/19/companies-with-a-four-day-workweek-that-are-hiring-right-now.html; and Ben Tobin, "Lowe's Started Offering a 4Day Work Week after Complaints of a 'Chaotic' Scheduling System. Employees Say They Love It," *Business Insider*, March 28, 2023, businessinsider.com/lowes-workers-say-love-4-day-work-week-with-exceptions-2023-3.
14. Cal Newport, "Newton's Productive School Break," *Cal Newport* (blog), March 23, 2023, calnewport.com/blog/2020/03/23/newtons-productive-school-break; and Cal Newport, "The Stone Carver in an Age of Computer Screens," *Cal Newport* (blog), October 27, 2020, calnewport.com/blog/2020/10/27/the-stone-carver-in-an-age-of-computer-screens.
15. Cal Newport, "What If Remote Work Didn't Mean Working from Home?," *New Yorker*, May 21, 2021, newyorker.com/culture/cultural-comment/remote-work-not-from-home.

Chapter 3　少做一些事情

1. Claire Tomalin, *Jane Austen: A Life* (New York: Vintage Books, 1999), 220.
2. 珍·奧斯汀的另外兩本小說《勸導》（*Persuasion*）和《諾桑覺寺》（*Northanger Abbey*）在她去世後出版。
3. James Edward Austen Leigh, *A Memoir of Jane Austen* (London: Richard Bentley and Son, 1871; Project Gutenberg, 2006), chap. 6, 102, gutenberg.org/files/17797/17797-h/17797-h.htm.
4. Mason Currey, *Daily Rituals: How Artists Work* (New York: Knopf,

Slow Food, slowfood.com/about-us/key-documents。
3. 關於維蘇威杏桃的討論，請見：Michael Pollan, "Cruising on the Ark of Taste," *Mother Jones*, May 1, 2003, archived at michaelpollan.com/articles-archive/cruising-on-the-ark-of-taste。
4. 關於品味沙龍和前述引用數字，詳見：Mark Notaras, "Slow Food Movement Growing Fast," *Our World*, October 31, 2014, ourworld.unu.edu/en/slow-food-movement-growing-fast。
5. Pollan, "Cruising on the Ark."
6. Pollan, "Cruising on the Ark."
7. 若想深入了解「慢媒體」，我推薦Jennifer Rauch於2018年出版的相關書籍：Jennifer Rauch, *Slow Media: Why "Slow" Is Satisfying, Sustainable, and Smart* (Oxford: Oxford University Press, 2018), global.oup.com/academic/product/slow-media-9780190641795。
8. Carl Honoré, *In Praise of Slowness: Challenging the Cult of Speed* (New York: HarperOne, 2005), 86.
9. AppleTogether, "Thoughts on Office-Bound Work," appletogether.org/hotnews/thoughts-on-office-bound-work.html.
10. Jane Thier, "Tim Cook Called Remote Work 'the Mother of All Experiments.' Now Apple Is Cracking Down on Employees Who Don't Come in 3 Days a Week, Report Says," *Fortune*, March 24, 2023, fortune.com/2023/03/24/remote-work-3-days-apple-discipline-terminates-tracks-tim-cook.
11. Cal Newport, "What Hunter-Gatherers Can Teach Us about the Frustrations of Modern Work," *New Yorker*, November 2, 2022, newyorker.com/culture/office-space/lessons-from-the-deep-history-of-work.
12. Alex Christian, "Four-Day Workweek Trial: The Firms Where It Didn't Work," BBC, March 20, 2023, bbc.com/worklife/article/20230319-four-day-workweek-trial-the-firms-where-it-didnt-

10. 實際研究（「研究方法」一節支持了調查參與者主要來自知識型工作的說法）：McKinsey & Company and Lean In, Women in the Workplace: 2021, 2022, wiw-report.s3.amazonaws.com/Women_in_the_Workplace_2021.pdf。有關調查結果的精彩摘要，請參閱：Eliana Dockterman, "42% of Women Say They Have Consistently Felt Burned Out at Work in 2021," Time, September 27, 2021, time.com/6101751/burnout-women-in-the-workplace-2021。
11. Jennifer Liu, "U.S. Workers Are among the Most Stressed in the World, New Gallup Report Finds," Make It, CNBC, June 15, 2021, cnbc.com/2021/06/15/gallup-us-workers-are-among-the-most-stressed-in-the-world.html.
12. Carter, *Desperate Networks*, 119.
13. Carter, *Desperate Networks*, 120.
14. Carter, *Desperate Networks*, 121.
15. Carter, *Desperate Networks*, 125.
16. 這段時間內的一篇代表性文章談到了《CSI犯罪現場》所扮演的關鍵角色，幫助CBS重新奪回了收視第一名："2000–01 Ratings History," The TV Ratings Guide, August 15, 1991, thetvratingsguide.com/1991/08/2000-01-ratings-history.html。

Chapter 2　一個較慢的替代方案

1. 關於義大利人對於麥當勞的提議的反應，詳見這篇當時的UPI報導：John Phillips, "McDonald's Brings Americanization Fears to Rome," UPI, May 10, 1986, upi.com/Archives/1986/05/10/McDonalds-brings-Americanization-fears-to-Rome/6908516081600。
2. "Slow Food Manifesto," 1989, Slow Food, slowfood.com/wp-content/uploads/2023/10/slow-food-manifesto.pdf. 其他語言版本的慢食宣言（Slow Food Manifesto），請見："Key Documents,"

Chapter 1　偽生產力的興起與衰落

1. Bill Carter, *Desperate Networks* (New York: Broadway Books, 2006), 42.
2. Peter F. Drucker, "Knowledge-Worker Productivity: The Biggest Challenge," *California Management Review* 41, no. 2 (Winter 1999): 83.
3. 湯瑪斯·戴文波特的引言源自於2019年12月進行的電話訪談。以下是為這次訪談撰寫的《紐約客》原文文章：Cal Newport, "The Rise and Fall of Getting Things Done," *New Yorker*, November 17, 2020, newyorker.com/tech/annals-of-technology/the-rise-and-fall-of-getting-things-done。
4. *Encyclopaedia Britannica Online*, "Norfolk Four-Course System," accessed August 18, 2023, britannica.com/topic/Norfolk-four-course-system.
5. "Moving Assembly Line Debuts at Ford Factory," History, October 6, 2020, history.com/this-day-in-history/moving-assembly-line-at-ford.
6. G. N. Georgano, *Cars: Early and Vintage, 1886–1930* (London: Grange-Universal, 1985).
7. 關於泰勒和鐵鍬的更多資訊，請見："Frederick Winslow Taylor, the Patron Saint of the Shovel," Mental Floss, April 27, 2015, mentalfloss.com/article/63341/frederick-winslow-taylor-patron-saint-shovel。
8. Peter F. Drucker, *The Effective Executive: The Definitive Guide to Getting Things Done* (New York: HarperCollins, 2006), 4.
9. Jory MacKay, "Communication Overload: Our Research Shows Most Workers Can't Go 6 Minutes without Checking Email or IM," *RescueTime* (blog), July 11, 2018, blog.rescuetime.com/communication-multitasking-switches.

附注

前言

1. John McPhee, *Draft No. 4: On the Writing Process* (New York: Farrar, Straus and Giroux, 2018), 17.
2. 在計算他之前的五篇報導文章時，我跳過了街頭巷議式的短篇文章，以及他早期在該雜誌發表的一篇短篇小說。讀者可以在newyorker.com/contributors/john-mcphee找到麥克菲在《紐約客》發表的舊文章。至於麥克菲在《時代》雜誌工作的確切日期，資料來自：Jeffrey Somers, "Jon McPhee: His Life and Work," ThoughtCo., July 20, 2019, thoughtco.com/john-mcphee-biography-4153952。
3. John McPhee, "A Sense of Where You Are," *New Yorker*, January 23, 1965, newyorker.com/magazine/1965/01/23/a-sense-of-where-you-are.
4. John McPhee, "A Reporter at Large: Oranges–I," *New Yorker*, May 7, 1966, newyorker.com/magazine/1966/05/07/oranges-2; and John McPhee, "A Reporter at Large: Oranges–II," *New Yorker*, May 14, 1966, newyorker.com/magazine/1966/05/14/oranges-3.
5. McPhee, *Draft No. 4*, 17.
6. McPhee, *Draft No. 4*, 19.
7. McPhee, *Draft No. 4*, 19.
8. Celeste Headlee, *Do Nothing: How to Break Away from Overdoing, Overworking, and Underliving* (New York: Harmony Books, 2020), ix.

作者簡介

卡爾・紐波特 Cal Newport

一九八二年出生。二〇〇四年畢業於達特茅斯學院，二〇〇九年獲得麻省理工學院博士學位。喬治城大學電腦科學系教授，專精於分散式演算法。同時也是《紐約時報》暢銷書作家，撰寫科技與文化相關的文章。他也是《紐約客》、《紐約時報》和《連線》的定期撰稿人。

除了以教授身分研究這個數位時代的理論基礎，他也寫作有關這些技術對我們的工作世界有何影響的文章。他於二〇〇七年建立了部落格Study Hacks，提供學習、工作與人生成功的建言，每年吸引超過三百萬次瀏覽。他在網站上提出「深度工作力」一詞與相關概念，立即獲得熱烈迴響與轉載。《Deep Work深度工作力》甫出版即成為《華爾街日報》暢銷書，已翻譯為四十國語言，全球暢銷兩百萬冊，並獲得《紐約時報》、《華爾街日報》、《經濟學人》和《衛報》的好評。

另著有《深度學習力》、《深度數位大掃除》、《沒有Email的世界》和《深度職場力》等書，他獲邀在哈佛、普林斯頓、麻省理工學院、達特茅斯、米德爾伯里、喬治城和杜克等美國最頂尖的大學演講這些主題。他與妻子和三個兒子住在馬里蘭州塔科馬帕克市。

譯者簡介

黃佳瑜

臺灣大學工商管理系畢業，美國加州大學柏克萊校區企管碩士。曾任聯合利華行銷企劃、美商麥肯錫管理顧問公司管理顧問。現為自由譯者，作品有《Jack》、《但求無傷》、《敦克爾克大撤退》、《成為這樣的我》（合譯）、《隱谷路》等。

人生顧問 503

慢速工作力：快時代的慢技術，3大原則擺脫倦怠、鍛造更高成就

作　　者—卡爾・紐波特（Cal Newport）
譯　　者—黃佳瑜
副總編輯—陳家仁
副 主 編—黃凱怡
行銷企劃—洪晟庭
封面設計—日央設計
內頁設計—李宜芝

總 編 輯—胡金倫
董 事 長—趙政岷
出 版 者—時報文化出版企業股份有限公司
108019 台北市和平西路三段 240 號 4 樓
發行專線—(02)2306-6842
讀者服務專線—0800-231-705・(02)2304-7103
讀者服務傳真—(02)2304-6858
郵撥—19344724 時報文化出版公司
信箱—10899 臺北華江橋郵局第 99 信箱

時報悅讀網—http://www.readingtimes.com.tw
法律顧問—理律法律事務所 陳長文律師、李念祖律師
印　　刷—勁達印刷有限公司
初版一刷—二〇二四年十一月二十九日
初版三刷—二〇二五年二月七日
定　　價—新台幣四五〇元
（缺頁或破損的書，請寄回更換）

時報文化出版公司成立於一九七五年，
並於一九九九年股票上櫃公開發行，於二〇〇八年脫離中時集團非屬旺中，
以「尊重智慧與創意的文化事業」為信念。

慢速工作力 : 快時代的慢技術 ,3 大原則擺脫倦怠、鍛造更高成就 / 卡爾 . 紐波特 (Cal Newport) 作 ; 黃佳瑜譯 . -- 初版 . -- 臺北市 : 時報文化出版企業股份有限公司 , 2024.11
336 面 ; 14.8 x 21 公分 . -- (人生顧問 ; 503)
譯自 : Slow productivity : the lost art of accomplishment without burnout.

ISBN 978-626-396-915-5(平裝)

1. 生產力 2. 工作效率 3. 工作心理學

176.76　　113015614

ISBN 978-626-396-915-5
Printed in Taiwan